ANGEL VIANNA

Dados Internacionais de Catalogação na Publicação (CIP)
(Câmara Brasileira do Livro, SP, Brasil)

Ramos, Enamar
 Angel Vianna : a pedagoga do corpo / Enamar Ramos. – São Paulo : Summus, 2007.

Bibliografia.
ISBN 978-85-323-0336-3

1. Coreógrafos – Biografia 2. Dança – Estudo e ensino
3. Dançarinos – Biografia 4. Educação pelo movimento 5. Expressão corporal 6. Vianna, Angel I. Título

07-0352   CDD-792.8092

Índice para catálogo sistemático:

1. Dançarinos : Biografia   792.8092

Compre em lugar de fotocopiar.
Cada real que você dá por um livro recompensa seus autores
e os convida a produzir mais sobre o tema;
incentiva seus editores a encomendar, traduzir e publicar
outras obras sobre o assunto;
e paga aos livreiros por estocar e levar até você livros
para a sua informação e o seu entretenimento.
Cada real que você dá pela fotocópia não autorizada de um livro
financia o crime
e ajuda a matar a produção intelectual de seu país.

ENAMAR RAMOS

ANGEL VIANNA
A pedagoga do corpo

summus
editorial

ANGEL VIANNA
A pedagoga do corpo
Copyright © 2007 by Enamar Ramos
Direitos desta edição reservados por Summus Editorial

Editora executiva: **Soraia Bini Cury**
Assistentes editoriais: **Bibiana Leme e Martha Lopes**
Capa: **Alberto Mateus**
Projeto gráfico e diagramação: **Crayon Editorial**
Fotolitos: **ERJ Composição Editorial**

Summus Editorial
Departamento editorial:
Rua Itapicuru, 613 – 7º andar
05006-000 – São Paulo – SP
Fone: (11) 3872-3322
Fax: (11) 3872-7476
http://www.summus.com.br
e-mail: summus@summus.com.br

Atendimento ao consumidor:
Summus Editorial
Fone: (11) 3865-9890

Vendas por atacado:
Fone: (11) 3873-8638
Fax: (11) 3873-7085
e-mail: vendas@summus.com.br
Impresso no Brasil

A minha mãe, que com sua fé muito me ajudou na conclusão deste livro, meu tio Geraldo e meus netos, Julia e Felipe.

AGRADECIMENTOS

A Angel Vianna, autora do trabalho apresentado, pela acolhida carinhosa. Sem ela este livro não existiria.

A minha orientadora, Maria Heloisa Toledo Machado.

A Maria de Lourdes Rabetti e Walder de Souza, que participaram da banca de qualificação e, com suas observações, muito contribuíram para a forma final desta obra.

Às professoras doutoras Dulce Aquino, Rosa Iavelberg, Maria de Lourdes Rabetti e Evelyn Furquim Werneck de Lima, por terem aceitado o convite para compor a banca de avaliação da tese que originou este livro.

Aos professores do Programa de Pós-Graduação em Teatro, pelos ensinamentos recebidos.

À professora doutora Julieta Calazans, pela inestimável ajuda durante todo o processo de pesquisa até a conclusão de minha tese.

A minha colega e grande amiga Nara Waldemar Keiserman, a grande responsável por meu ingresso no doutorado.

Aos funcionários, professores e alunos da Escola Angel Vianna, em especial a Alexandre Franco, Beth Albano, Fernando Telles, Paulo Trajano, Sebastião Lemos e Vera Andrade, bem como aos alunos da turma do curso técnico de formação de bailarino, formada no primeiro semestre de 2004, que permitiram o registro em vídeo de suas aulas.

A todos os entrevistados, sem os quais este livro não poderia ter sido realizado.

A Maria Tereza Vargas, por indicar pessoas que eu deveria entrevistar.

Ao professor doutor Paulo Luiz de Freitas, que gentilmente fez a versão em inglês do resumo.

A Fernanda Ramos Neherer Bento, Paula Ramos Neherer Bento e David Samuel Hertz Abramowicz, pela instalação de programas de computador, formatação da tese e preparação final em PowerPoint.

A Jane Celeste Guberfain, pela preparação vocal para a defesa da tese.

A Frida Richter e José de Abreu, que me ajudaram a localizar um grande número de entrevistados.

Ao Idart-SP, por ter aberto seus arquivos para a minha pesquisa.

Aos funcionários do Centro de Documentação (Cedoc) da Funarte, sempre solícitos com os pesquisadores.

A Ana Vitória Silva Freire, Ausonia Bernardes Monteiro, Celso Nunes, Joana Ribeiro da Silva Tavares, José Antônio de Oliveira Lima, Maria Thaís Lima Santos, Nara Waldemar Keiserman e Victor Lemos, por terem me emprestado suas brilhantes dissertações de mestrado.

Ao querido Ari, pelo carinho com que sempre resolveu as questões burocráticas da Secretaria do Programa de Pós-Graduação em Teatro (PPGT)/Unirio.

A minhas filhas e meus netos, pelo carinho e compreensão com minhas constantes ausências.

SUMÁRIO

Prefácio   *11*
Introdução   *13*

CAPÍTULO 1:
A Conscientização do Movimento e os Jogos Corporais *15*
   A Conscientização do Movimento   *15*
   Jogos Corporais   *44*

CAPÍTULO 2:
A ação pedagógica de Angel Vianna   *59*
   As primeiras incursões pedagógicas de Angel Vianna
   em Belo Horizonte   *59*
   A Universidade Federal da Bahia   *65*
   O início do trabalho no Rio de Janeiro   *71*

CAPÍTULO 3:
A Escola e a Faculdade Angel Vianna   *85*
   A Escola Angel Vianna   *85*
   A Faculdade Angel Vianna   *100*

CAPÍTULO 4:
A Conscientização do Movimento e o teatro   *119*
   A trajetória de Angel Vianna no trabalho pedagógico
   com atores   *119*
   Aspecto didático-pedagógico do trabalho realizado
   por Angel Vianna   *126*
   A visão de atores e diretores sobre o aprendizado
   durante as montagens   *134*

Conclusão   *151*

PREFÁCIO

Quando Enamar Ramos iniciou sua tese de doutorado, intitulada *Angel Vianna: a pedagoga do corpo*, surpreenderam-me a abrangência de suas idéias e, principalmente, seu questionamento: "Por que em uma escola técnica de dança e em uma faculdade de dança a maioria dos alunos é composta de atores?"

Realmente, a arte de dançar e fazer teatro – duas atividades humanas que buscam a relação com a realidade e o sonho – sempre esteve presente em minha vida e na vida de Klauss.

Enamar iniciou seu caminho profissional como eu, no balé clássico, e, hoje, é professora-adjunta da Escola de Teatro da Universidade Federal do Estado do Rio de Janeiro (Unirio).

Nesse processo de crescimento, ela soube destacar a importância dos fundamentos dos quais se valeu. Nesta obra ela explicita, de maneira clara, todo o desenvolvimento teórico-prático da Conscientização do Movimento e dos Jogos Corporais, estudos de excelência para a formação de atores.

Procura destacar, também, o trabalho que desenvolvemos com a individualidade do aluno, uma herança biológica em nossos ossos, tecidos, pele, glândulas, enfim, na sua totalidade.

A pesquisa permeia um rico arsenal teórico-metodológico, relacionando os trabalhos das instituições formadoras. É significativa a contribuição de autores cujos estudos tratam sobre temas correlatos e afins, como Viola Spolin, Mathias Alexander e Gerda Alexander, entre tantos outros que enfocam o desenvolvimento do ser.

Enamar soube privilegiar a participação de diretores teatrais e outros que trabalharam diretamente comigo e com Klauss em diversas peças. É bastante vitorioso o resultado do trabalho corporal e da direção quando se estabelece uma articulação entre ambos. Onde um começa e o outro termina?

Tudo acontece quando há empenho, vontade, paixão. Tudo que é realizado com espírito de alegria é feito com facilidade. Educação e arte são atividades criativas e dinâmicas.

Minha alegria é grande pelo reconhecimento deste trabalho.

Parabéns à minha amiga Enamar.

• *Angel Vianna*

INTRODUÇÃO

A pesquisa que deu origem a este livro teve como proposta traçar um paralelo entre o trabalho corporal de Conscientização do Movimento e Jogos Corporais, desenvolvido por Angel Vianna desde os anos 1970, e o trabalho do ator. Os resultados mostram que o trabalho corporal de Angel Vianna é um complemento de excelência para a formação de atores. Seus cursos livre e técnico, bem como os ministrados na Faculdade Angel Vianna, têm uma especificidade que os aproxima do que se pretende em uma formação corporal de atores.

Acreditamos que, ao documentar o trabalho de Angel Vianna, estaremos não só contribuindo com os que realizam a preparação corporal de atores, mas também registrando parte importante da trajetória de formação do ator brasileiro, na medida em que, por meio da introdução do conceito de movimento como parte integrante da ação teatral, Angel deu ao gesto força própria na ação dramática.

Este livro se insere, portanto, no campo de estudos do teatro-educação, especificamente na área de teatro-pedagogia, uma vez que aborda um assunto de caráter nitidamente pedagógico. Visa não somente a preparar o ator para determinada peça, para determinado personagem, mas também a contribuir para o processo de formação do ator como profissional, independentemente da montagem a que, em qualquer momento, ele esteja ligado.

1 ‖ A Conscientização do Movimento e os Jogos Corporais

‖ A CONSCIENTIZAÇÃO DO MOVIMENTO ‖

A Conscientização do Movimento, trabalho corporal criado pela bailarina de formação clássica e coreógrafa Angel Vianna – baseado em pesquisa feita em parceria com seu marido, Klauss Vianna –, constitui-se um marco no trabalho de preparação corporal de atores. Como conseqüência, possibilitou uma série de experimentos que resultaram em uma linha pedagógica empregada na formação de atores e bailarinos.

Origem

O desenvolvimento da Conscientização do Movimento ocorreu com base em indagações e dúvidas pessoais de Angel Vianna, e de estudos feitos com o propósito de responder a essas questões. Há vários anos, a coreógrafa é responsável pela preparação corporal de elencos artísticos por meio da didática que elaborou.

Sua história de vida mostra que, ainda criança, já buscava o novo. Quando menina, saía pelo sítio do pai em Belo Horizonte, Minas Gerais, com seu primo, tentando encontrar não sabia bem o quê. Quando seu companheiro perguntava o que tanto procurava, ela respondia: "Se Pedro Álvares Cabral descobriu o Brasil, por que eu não posso descobrir alguma coisa?"

Com esse espírito de busca, ela descobriu a arte. Logo entendeu que queria ser artista, o que não era bem-visto pela tradicional família de origem árabe. Mesmo assim, enfrentou as resistências e se dedicou com afinco ao estudo da música – sendo o piano a única expressão artística permitida às mulheres da família –, de artes plásticas e de dança. A cada descoberta, acreditava ter encontrado sua realização.

O primeiro contato com a arte se deu pela dança, especificamente pelo balé clássico, uma das técnicas mais bem codificadas, em que disciplina e concentração são essenciais para a formação dos profissionais que a escolhem. Prática cujos padrões de execução devem ser repetidos, citando-se o chamado *en dehors*[1], causador de um enorme desgaste físico, em função de suas exigências. Para corpos em que a rotação externa da coxa é natural, o desgaste é menor; mas, para corpos que não conseguem atingir a torção com tanta facilidade, a necessidade de reproduzir formas perfeitas leva o bailarino à beira da tortura física. Em pouco tempo, Angel Vianna ficou insatisfeita com o modo pelo qual aquela forma de expressão artística, da qual ela tanto gostava, era transmitida. Começava então sua caminhada para tornar a arte de dançar prazerosa por meio do melhor uso do corpo, não só para executar movimentos, como também para expressar tudo aquilo que pulsa dentro do ser. Com base em um novo olhar sobre a metodologia de transmissão desta técnica – o balé clássico – algumas mudanças foram propostas, como a eliminação progressiva das pontas. Angel queria novos caminhos, um movimento mais orgânico, sem a rigidez do *en dehors* extremado, sem as conseqüentes contrações musculares exageradas. Sua meta era a conscientização e a sensibilização do corpo.

Como seu amor primordial era pela arte, sem ter muita certeza do meio pelo qual iria expressá-la, a passagem por outras linhas de expressão artística contribuiu muito para direcioná-la em seu trabalho. Angel Vianna, graças à sua aguçada capacidade de observação, em pouco tempo percebeu que todos os tipos de arte eram fonte de conhecimento complementar para a dança.

No começo da vida, Maria Ângela Abras (mais tarde Angel Vianna) não tinha muito espaço para dar asas ao desejo de criar. Filha do comerciante Nicolau Elias Abras e de Margarida Abras, foi educada na antiga tradição árabe, para a qual a mulher não tinha voz ativa. Por outro lado, o balé clássico, tradicionalmente um estilo de dança em que a criatividade e a pesquisa são pouco estimuladas, foi o seu primeiro contato com a arte do corpo. Quando conheceu as artes plásticas, principalmente a escultura, descobriu seu primeiro espaço criador. Na Escola de Belas Artes, os professores se limitavam a ensinar a técnica; a criação da obra era inteiramente do aluno. Ao conviver com nomes como Guignard[2], Sansão Castelo Branco[3] e Misabel Pedrosa[4], Angel Vianna foi se apropriando de conhecimentos que depois lhe permitiriam ousar com segurança.

Quando ingressou na Escola de Artes Plásticas de Guignard, descobriu que com a escultura, arte plástica com a qual teve maior afinidade, aprendia muito sobre o corpo humano e, conseqüentemente, sobre a dança. Analisando as articulações, os músculos e o apoio dos corpos nas modelagens, ela ia, aos poucos, aumentando as descobertas sobre o próprio corpo.

Além de propiciar esse conhecimento, a escultura foi também responsável pela primeira experiência concreta de Angel com o tato. A manipulação dos materiais com que confeccionava os objetos fez que experimentasse sensorialmente o tato, o contato e a força a ser usada. Quando o professor lhe recomendava cuidado, pedindo que não aplicasse muita força em materiais frágeis, que poderiam secar e quebrar, percebeu que havia diferentes toques para identificar e manipular objetos externos. Transferindo essa aprendizagem para seu instrumento de trabalho – o próprio corpo –, constatou que isso também era válido.

O estudo sobre o toque foi complementado, mais tarde, com o trabalho com crianças, iniciado ainda em Belo Horizonte (1954). Notou que as crianças menores, quando seguravam seu dedo, abrangiam-no por completo e que a força usada era bem distribuída, firme e, ao mesmo tempo, leve.

Esse conhecimento foi aplicado no trabalho com atores, em 1968, quando Angel e Klauss participaram da montagem de *A ópera dos três vinténs*. A prática no chão, modo como Angel começa suas aulas, se vale desses diferentes toques, por meio do tato e do contato, e permite ao ator um verdadeiro mapeamento de seu corpo usando as mãos e o chão. Essa diferença entre tato e contato será vista, com mais detalhes, quando falarmos sobre a pele.

Outra grande preocupação de Angel Vianna era o descanso do corpo. Não se sentia capaz de expressar algo se não se libertasse das tensões que trazia consigo. Angel entendia que, sem um relaxamento prévio, as preocupações trazidas do mundo exterior comprometiam o desempenho. Como livrar-se disso, no entanto, ela ainda não sabia.

Pensando em resolver esse problema, ainda em Belo Horizonte, ela chamou o professor de ioga George Kriticus (1956/1957), grego de origem, para dar aula na Companhia de Ballet Klauss Vianna, primeiro grupo de dança que criou junto com Klauss, em 1957. Essa investida pelo campo da ioga tinha a finalidade de proporcionar aos bailarinos o conhecimento de outra forma de trabalho corporal. Angel acreditava que, para que os bailarinos realizassem um trabalho de acordo com a sua visão de dança, era interessante terem contato com outras linhas de trabalho corporal. Ficar restrito ao balé clássico poderia retardar ou mesmo impedir uma criação mais pertinente ou instigante. Segundo Angel, como "o cérebro comanda tudo, se o cérebro já tem a dança codificada, se você fica presa a ela, você só faz essa dança, fica preso àqueles movimentos e não consegue nenhuma criação"[5]. Angel participou ativamente das aulas de ioga, procurando saber todos os *porquês* e *para quê*. Relata que, dessa experiência, só não concordou com um termo usado para o relaxamento – "posição do cadáver" –, pois percebeu que, quando uma pessoa relaxa, fica mais viva. Sentir o corpo deitado, descansando, e percebê-lo de outra maneira, realmente a comovia, na medida em que lhe proporcionava maior consciência de seu corpo e de si mesma. Passou, então, desde essa época, a exercitar o deitar, o espreguiçar, inicialmente apenas com os profissionais da Companhia de Ballet Klauss Vianna, mas logo estendendo à Escola de Ballet Klauss Vianna.

Foi por esse primeiro contato com a ioga que ela constatou a existência de um trabalho que a ajudaria a conseguir não só o descanso, como também a percepção de que o corpo existe em outro plano, não só na verticalidade, mas em todas as posições. O corpo deita, descansa, e nesse descanso ficamos mais vivos. O alívio das tensões dá lugar à maior concentração e conhecimento do corpo. Já essa concentração se manifesta no que ela chama de "estar presente", isto é, estar atento a tudo que se faz a fim de receber as informações e incorporá-las de forma consciente. É importante não executar nenhum movimento mecanicamente; e sim, estar ciente de onde ele se origina, saber como se processa e onde chega. Isso foi muito importante para o trabalho pedagógico com bailarinos, já iniciado de forma sistemática e, mais tarde, usado com atores.

Angel sempre foi adepta de maior conscientização do corpo, seu instrumento de trabalho. Com essa finalidade, ainda em Minas Gerais, iniciou seus estudos de anatomia e cinesiologia. Um corpo que sente, que dança, um corpo que é artístico necessita se conhecer em detalhes. Ele sente a música e precisa ser lubrificado para se movimentar melhor. Isso acontece por meio do conhecimento de suas dobras, de suas articulações, de suas alavancas. Foi com esse trabalho de reconhecimento que ela teve certeza de que o corpo, quando não passa por práticas adequadas, pode ficar atravancado por tensões demasiadamente rígidas.

Com base nisso, Angel considera indispensável que o **ator/bailarino seja orientado a criar seu próprio movimento**, sua forma pessoal de se mover. Para ela, essa descoberta é individual e não deve se basear em nada preestabelecido como verdadeiro ou certo.

Aproxima-se, nesse conceito de forma, de Peter Brook, que diz que

> a forma não é um conjunto de idéias impostas à peça, é a peça iluminada; e a peça iluminada é a forma. Portanto, se o resulta-

do parece orgânico e uniforme, não é porque uma concepção uniforme foi definida e sobreposta à peça desde o início – muito pelo contrário.[6]

O trabalho que Angel e Klauss realizavam tinha como idéia principal que a arte se identifica e se articula com a vida. Isso fez que ligassem a experiência dos ensaios com o real, procurando discutir não só as emoções de cada um, mas seus efeitos no corpo. Discutiam também como cada aluno, por meio da intuição, desenvolvia seus temas corporais. Sua premissa inicial era que sem **humanismo** não existe arte, que tal sentimento antecede a própria arte.

Essa ligação dança-vida apontava para a atividade fora dos ensaios, como um campo permanente de testes e experiências que se realizavam dentro do que poderíamos chamar de **ensaio-laboratório**, e encarava a preparação corporal como um **real laboratório de pesquisa**. Todo o seu trabalho se fundamenta na pesquisa permanente das possibilidades de movimentação do corpo. Essa é uma característica explicitamente colocada no trabalho de Angel Vianna.

Nisso, Angel, a meu ver, mais uma vez se aproxima de Peter Brook. Ao falar sobre concepção de diretor e senso de direção, Brook afirma que "a única concepção que o diretor precisa, deve descobri-la na vida e não na arte; vem como resposta ao seu questionamento sobre o sentido do evento teatral no mundo, a sua razão de ser"[7].

Angel Vianna queria mais, queria uma consciência corporal. Buscou, então, ultrapassar os limites do próprio corpo, do tempo e do espaço. Seu trabalho trouxe para a sala de aula palavras que eram restritas ao campo da medicina ou da fisioterapia. Nomes de músculos, ossos e órgãos, assim como as funções do corpo humano, conviviam muito bem com os *pliés*, *battements tendus*, *grand jetés* e piruetas. Em uma época de violenta repressão política, em que a expressão verbal era muito censurada, o corpo passou a ser supervalorizado por sua capacidade expressiva. Com isso, os coreógrafos foram buscar uma estrutura mais bem preparada para dançar as cenas contemporâneas, e os diretores de teatro, um corpo pronto para atuar nas peças.

Angel Vianna, apesar de ser professora de balé clássico, situa-se entre os pesquisadores que pleiteiam elementos de mudança e sempre aparece como uma alternativa de ruptura ao já existente. É como diz Andréa Elias[8], atriz, formada pela Escola de Teatro da Unirio, e bailarina, pela Escola Angel Vianna:

> Eu sinto um trabalho extremamente revolucionário. É como se você colocasse nas mãos de um trabalhador, um operário – que no caso é um trabalhador do teatro, o ator – , o seu material, as suas ferramentas e falasse: "Olha, trouxe isso, isso e isso; constrói". Como se você desse condição para o indivíduo, para esse trabalhador, de exercer sua profissão de uma maneira muito mais plena, e isso eu acho muito bonito no trabalho do intérprete de uma maneira geral.[9]

Impulsionada pela inquietação em relação à metodologia utilizada no balé clássico, como já foi descrito anteriormente, e a fim de transmitir esse conhecimento de forma menos traumática tanto física como emocionalmente, Angel rompeu os bloqueios acerca da dança e do movimento. Na medida em que não trabalhava com padrões preestabelecidos, mas, ao contrário, investia na relação do corpo com o peso e no deslocamento desse corpo no espaço, ela construiu um trabalho prazeroso de estrutura, força e vigor. Para conseguir seu intento, baseou-se em outras técnicas e as incorporou pouco a pouco. Assim, construiu uma metodologia mais rica para a dança, para o trabalho expressivo, que acabou chegando ao teatro e servindo a atores. Angel Vianna procura desenvolver a capacidade sensorial por meio do aumento da habilidade de sentir em todos os níveis, como tato, olfato e audição. Na sua mira estão também a qualidade do movimento e a quantidade do esforço despendido para esse movimento, pois os excessos crispam a musculatura e comprometem a sensibilidade dos corpos.

Criou o trabalho com base na experiência com os movimentos. Não havia, na época, muita literatura sobre o assunto, o que, para Angel, foi um ponto positivo, já que a fez buscar as respostas no próprio corpo. Muitas vezes, consultar trabalho intelectual antes de adquirir conhecimento prático faz o pesquisador corporal procurar sentir o que o teórico descreve, não deixando margem a descobertas próprias. Isso não pretende invalidar o conhecimento e as pesquisas de outros autores, mas ressalta a importância de esses trabalhos não impedirem novas descobertas; eles devem, ao contrário, abrir outros horizontes. O conhecimento intelectual do corpo e o registro corporal são os responsáveis pela descoberta do caminho que se deve seguir. Klauss usava Angel para demonstrar fisicamente o que concebia intelectualmente. Como relata Angel, Klauss pedia a ela que executasse determinados movimentos e assim configurava toda a coreografia que imaginara. Nada era codificado, mesmo em se tratando de balé clássico. Nesse processo, Angel detinha outra perspectiva: a experimentação do movimento no próprio corpo. Só ela sentia a resposta a essa linguagem nova proposta por Klauss. A grande comunhão entre os dois fazia Angel entender rapidamente o que Klauss queria e, logo depois, passar para os atores. Ela diz que "Klauss tinha uma maneira de fazer as coisas sem fazer, era fantástico"[10]. Mesmo sentado, ele era o agente pensante do movimento que Angel realizava fisicamente. Assim, Angel descobriu uma de suas principais premissas: movimento e pensamento estão sempre juntos; **o pensamento tem movimento.**

Então nasceu, no Rio de Janeiro, a chamada expressão corporal, que já existia com esse nome na França, com Jacques Lecoq[11], e na Argentina, com Patrícia Stokoe[12]. Hoje, o trabalho está espalhado pelo Brasil inteiro em cursos de dança, teatro e música, nas suas diversas formas, atendendo a necessidades específicas. Entretanto, mantém-se fiel ao princípio básico lançado por esse primeiro grupo de atores no Rio de Janeiro – autoconhecimento corporal em busca de uma melhor performance.

Angel Vianna passou a usar outro nome para designar seu trabalho, uma vez que o termo "expressão corporal" não daria a dimensão exata da sua extensão. **Expressar**, diz ela, é um ato inerente a qualquer ser humano, do nascimento à morte. Em se tratando de atores e bailarinos, pessoas que usam a expressão como veículo da arte, era necessário definir esse trabalho de modo mais claro e objetivo. O corpo tem uma memória muito aguçada, muito presente, registra tudo que acontece na vida do indivíduo, e esse registro permanece para sempre. O trabalho de Angel Vianna procura desvendar essa história por meio do conhecimento do que acontece nesse corpo, com o intuito de não deixar que essa memória o coloque dentro de um "envelope", impedindo-o de sentir e de ser expressivo. Por isso, a prática foi chamada de Conscientização do Movimento, por ser o modo pelo qual ela trabalha a expressividade.

Angel Vianna acrescentou a essa Conscientização, para dar maior amplitude à descoberta corporal, um trabalho que ela chama de Jogos Corporais. Nesse trabalho, pelo relacionamento corporal entre um ou mais atores, aparecem situações que levam à descoberta de posturas, movimentos e equilíbrios jamais pensados, estimulados pelo companheiro, incentivando a criação por meio do autoconhecimento. Assim, o trabalho de Angel Vianna é por ela denominado Conscientização do Movimento e Jogos Corporais. Trataremos desses Jogos Corporais no final deste capítulo.

Paralelo entre as influências recebidas e a construção da Conscientização do Movimento

O trabalho de Conscientização do Movimento de Angel Vianna resulta de conteúdos vindos de várias fontes, cruzando-se e complementando-se. Ele é tão claramente interdisciplinar que se pode compor a origem de cada princípio, de cada idéia. Essa interdisciplinaridade lhe confere o *status* de forma de conhecimento maduro, concretamente construído, composto por fios que vieram de muitos desafios somados.

A percepção do corpo, em cada uma das três áreas a que se dedicou – música, artes plásticas e dança –, levou Angel Vianna a desenvolver um trabalho que equilibrasse seus conhecimentos, suas emoções e suas sensações. É realmente um trabalho de uma vida inteira, inovador e diferenciado. A Conscientização do Movimento, por meio da busca da corporeidade consciente do ser humano, possibilita a quem a pratica tornar-se mestre de si mesmo. Sua principal função é direcionar, com estímulos diretos, esse autoconhecimento para que cada um descubra, por si só, todas as suas possibilidades.

Angel Vianna construiu seu trabalho partindo de questionamentos. Buscou um caminho consciente com base em dificuldades encontradas, muitas vezes, em seu próprio corpo.

A Conscientização do Movimento se propõe, por meio do movimento, a revelar uma dança que já está no indivíduo e, por isso, prescinde de elementos externos. "É espantoso", afirma Angel Vianna, "o que o corpo é capaz de fazer quando é deixado livre."[13] Muitas vezes esse corpo livre tem dificuldade de aflorar devido a bloqueios acumulados durante toda a vida. Angel incita o desbloqueio durante suas aulas por meio de determinado estímulo e de um tempo de espera, para que cada um ouça o corpo e faça o que ele está pedindo. Geralmente, isso é feito no final da aula. Usando como estímulo, por exemplo, um movimento da aula ou uma música, Angel pede aos participantes da aula/atores que se locomovam livremente pela sala e deixem o movimento fluir. Aos poucos, à proporção que bloqueios vão sendo eliminados, surgem movimentações que são verdadeiras coreografias.

Todo o trabalho é baseado na comunicação corporal, na energia gasta no esforço e na sua real capacidade de se realizar. A prática visa a dar um treinamento para que essa comunicação aconteça em vários níveis e se faça mais real com a participação do corpo. Para que tal procedimento ocorra, é preciso pensar em cada movimento durante a sua realização. Para isso, Angel, durante as aulas, repete a seqüência por determinado tempo, pedindo que, a cada repetição, seja observado o que acontece no corpo, não só na parte que se movimenta, como também no resto. Quais modificações ocorrem durante e após a realização do exercício? Como estava o corpo antes de executá-lo e como ficou depois? Isso requer treinamento, pois estamos acostumados, em função das exigências do nosso dia-a-dia, a passar de um movimento para outro sem perceber. Angel Vianna defende uma movimentação feita com atenção, sem a preocupação de prepará-la por inteiro, e, sim, buscando uma ação espontânea que resulte da própria consciência do que o corpo necessita.

Isso para o ator é de suma importância, uma vez que, em cena, deve ter consciência do significado de suas posturas, e da mensagem que está passando por meio do corpo. Todo esse trabalho, entretanto, não deve ser percebido pelo público. Daí a necessidade do treinamento específico que torne a ação do ator espontânea.

Essa metodologia consiste, inicialmente, em baixar o grau de tensão até o ponto ótimo de equilíbrio do tônus, para depois começar a movimentação. Uma das frases mais comuns de Angel Vianna é "primeiro solta, depois movimenta", isto é, primeiro é preciso relaxar as tensões para depois se mover. Essa **soltura** geralmente acontece no chão, citada quando nos referimos à posição do "cadáver", proposta pelo professor de ioga George Kriticus, em que a percepção desejada é interna, cada um procura sentir o volume e a forma dos seus ossos, sempre acompanhado pela visualização deles. É nessa fase do trabalho que se criam condições para que a movimentação possa fluir livre dos bloqueios resultantes do dia.

Com esta preocupação, Angel Vianna corrobora o conceito de tônus de Gerda Alexander[14]. O tônus, como afirma Gerda, existe em todo organismo vivo e aumenta ou diminui de acordo com a atividade ou repouso. É influenciado também pelo estado emocional, pelo esgotamento físico e psíquico e pela conduta das outras pessoas. Uma pessoa tranqüila, diz Gerda Alexander, pode influenciar de modo positivo um grupo todo, enquanto uma pessoa tensa passará essa tensão aos outros. Daí a necessidade, segundo ela, de cada um permanecer "dono de seu tônus", para que possa resistir às influências maléficas ao próprio equilíbrio.

Angel Vianna sempre inicia seu trabalho fazendo cada indivíduo/ator sentir no corpo o resultado das tensões que afetaram seu tônus naquele dia, procurando desfazer as fixações e tensões excessivas em determinados músculos. Isso é possível por meio de um movimento orgânico – o espreguiçar – e da focalização da atenção em determinadas partes do corpo, a fim de perceber o volume, o espaço interior, o esqueleto e a mobilidade das articulações. O contato com o chão ajuda a mapear o corpo, por meio da percepção dos apoios, das partes moles (músculos) e das partes duras (ossos). A redução do grau do tônus, entretanto, não deve ser total a ponto de levar ao sono, mas, sim, a um relaxamento, que deve acontecer e ser mantido. O ideal é buscar o equilíbrio desse tônus, um equilíbrio que permita se apoiar no objeto ou em si próprio de diversas maneiras. O instrumento dessa busca é o corpo, que deve ser afinado. Também devemos evitar a confusão com o conceito de tensão, que seria o resultado do trabalho inadequado.

Nesse ponto, Angel Vianna se apóia em Rudolf von Laban, húngaro que no final do século XIX teve como centro de suas preocupações o movimento humano. Firmemente convicto de que este é sempre constituído dos mesmos elementos, tanto na arte como no trabalho ou na vida cotidiana, Laban desenvolveu um estudo exaustivo sobre esses elementos e sua utilização, dando ênfase tanto à parte fisiológica quanto à psíquica. Para ele, todo esforço inútil deve ser abolido e, para que isso aconteça, devemos praticar movimentos apropriados. Sua meta, como a de Angel Vianna, é conseguir pessoas mais livres, estado de quem se move com pouco esforço, ao contrário de quem se move de modo tensionado, segundo Laban[15].

Angel Vianna, na busca pelo tônus ideal, procura também a eliminação de todo desgaste físico excessivo. Essa preocupação é evidenciada em suas primeiras inquietações com o balé clássico, e será vista detalhadamente quando tratarmos da primeira fonte de conhecimento responsável pela criação de seu trabalho.

Em se tratando de ator, a eliminação do esforço inútil é um fim a ser alcançado não só por questões de desgaste físico – quanto maior for o esforço, maior o cansaço físico –, como também para clareza/limpeza de movimentos. Os diretores e atores buscam atualmente uma interpretação em que o gesto essencial, aquele que revela realmente a intenção desejada, seja obtido. Todo excesso deve ser eliminado para deixar aflorar o movimento limpo e claro. Para isso, precisamos ter consciência de todos os movimentos e saber quais são os desnecessários. O trabalho realizado por Angel Vianna durante as aulas provoca continuamente o ator, estimulando-o, criando uma atmosfera na qual ele pode se aprofundar, experimentar e investigar. Acontece a iluminação de uma área obscura do corpo do ator, partes que inicialmente não apareciam nas visualizações, agora, aparecem claramente e, quando essa área se ilumina, o ator pode ver as diferenças e as conexões entre elas e fazer suas escolhas.

Outras vezes, a Conscientização do Movimento pode trabalhar seqüências mais definidas, com padrões de movimento e formas específicos. Nisso consiste a sua maior riqueza, a de promover a união de todas essas possibilidades, de todas essas vertentes de forma muito pessoal. É um trabalho que, partindo de inquietações, busca um conhecimento consciente do corpo, por meio do aumento da capacidade de percepção. Daí seu caráter interdisciplinar, que procura conexões entre as várias teorias com as quais tenha contato. O importante é a qualidade do movimento, seja qual for sua origem, e jamais atuar de forma excludente, já que todos os movimentos contribuem com o processo de conhecimento corporal.

A Conscientização do Movimento pode e deve ser aplicada em todas as nossas ações, sejam elas cotidianas ou não. No momento em que o ator se habitua a fazer o inventário do corpo a cada instante, de maneira bem orgânica, acontece a Conscientização do Movimento e o trabalho em cena certamente é beneficiado. Ele terá condições de detectar com rapidez qualquer problema que surja na comunicação corporal com o público.

O trabalho de Angel é norteado pelos princípios básicos da vida. O ponto central é que sejam vivenciados corporalmente, uma vez que foi desse modo que ela chegou a suas conclusões. Era Angel, como foi dito anteriormente, que *experienciava* as idéias do marido, Klauss Vianna, e as repassava aos atores com os quais trabalhavam.

O verdadeiro trabalho só se dá quando descoberto e sentido. Não acontece de uma hora para outra, ele precisa de tempo para perceber as oposições, a relação com o espaço, o espaço em si, o estar presente e saber quem está presente, a percepção dos sentidos e a percepção do corpo inteiro em relação ao corpo inteiro.

No caso dos atores, esses pontos explorados por Angel são essenciais. Toda dinâmica de cena requer que o ator tenha esse tipo de percepção para poder contracenar com outros profissionais. Para se movimentar, deve perceber não só a relação com o espaço como um todo, mas também os espaços individuais dos outros. Contracenar pressupõe estar presente e saber quem está presente, fazendo o corpo funcionar como um radar para permitir uma atuação perfeita.

Byington, que de certa forma influenciou Klauss Vianna por ter sido seu analista, em *Pedagogia simbólica* vê o corpo como "uma das quatro dimensões expressivas de símbolos, que perfazem a totalidade do *self*. As outras são a natureza, a sociedade e a dimensão ideativo-emocional-imagética"[16]. Ele defende uma pedagogia em que a vivência corporal se integre ao ensino multidisciplinar, baseada na formação e no desenvolvimento da personalidade e, por isso, que inclua todas as dimensões da vida, entre elas, o corpo. Centrando seu trabalho na vivência, Byington procura tornar o estudo algo lúdico, baseando-se no ecossistema corpo humano-meio.

Ao usar o movimento como veículo dessa experimentação, Angel Vianna resgata Moshe Feldenkrais[17], centrando-se especificamente no livro *Consciência pelo movimento*. Feldenkrais desenvolveu um método de trabalho que combina ciência e arte, e permite transformar e aperfeiçoar permanentemente a capacidade de aprender. O método tem como objetivo tornar o homem consciente de sua individualidade. Segundo Feldenkrais, a sociedade educa com a finalidade de unificar, fazendo as pessoas se afastarem cada vez mais de seus desejos vitais. A opção pelo uso do movimento vem do fato de considerá-lo a base da consciência. Para ele, a maior parte das coisas que acontecem dentro de nós somente nos é revelada quando atingem os músculos. O autor afirma que "reconhecemos o estímulo para uma ação ou a causa para a resposta, quando nos tornamos suficientemente cônscios da organização dos músculos do corpo para a ação correspondente"[18]. Mudanças na base motora quebrarão a coesão do todo, pensamento e sentimento perdem sua sustentação e sofrerão transformações. "O hábito perdeu seu maior suporte – o dos músculos – e se tornou mais acessível à mudança."[19]

As dúvidas sobre o funcionamento corpóreo fizeram Angel Vianna descobrir que, a cada aspecto revelado, um desdobramento infinito de soluções possíveis se abria.

A primeira fonte que serviu como base de conhecimento para que Angel desenvolvesse seu trabalho foi o balé clássico. Analisando o que realizavam os professores de balé – especialmente Carlos Leite, seu professor –, ela percebeu que as contrações exigidas, quando não eram bem dosadas, impediam não só a movimentação, como também a descoberta das articulações. Angel, em particular, trazia tensões de casa, já que seu pai não aceitava sua paixão pela dança, e não havia nenhum momento em que pudesse relaxar antes de se exercitar. Chegou, assim, ao seu grande princípio, unindo os conhecimentos do balé clássico à Teoria do Esforço de Laban, já citada anteriormente. **É necessário haver o equilíbrio de tensões nas diversas maneiras de executar qualquer trabalho.** Isso gera um corpo pronto para a execução da atividade requerida. A força é necessária, mas é importante saber utilizá-la na medida ideal para obter um equilíbrio de tonicidade e saber como se apoiar, seja em um objeto ou em si próprio, de diversas maneiras. Temos partes do corpo mais pesadas e outras mais leves; portanto, é fundamental dar atenção aos próprios apoios, o que, uma vez conseguido, não é algo que vai se repetir sempre. Há dias em que, devido a tensões mais fortes, não se atinge esse equilíbrio, mesmo que já se tenha conseguido antes, sendo extremamente difícil apoiar e descansar. Essas tensões podem ser fruto de agentes externos, como pressões do dia-a-dia ou o uso inadequado do esforço para realizar o movimento.

Com o uso do ritmo da música, segunda fonte usada no desenvolvimento de seu trabalho, Angel Vianna solidificou o estudo. Ela notou que, apesar de as partituras musicais trazerem o andamento original da peça, as execuções, muitas vezes, eram diferentes por algum *ralentando* ou *pausa*, fruto da interpretação do artista. Isso não modificava a peça, mas lhe dava outro colorido. Sempre muito observadora, Angel viu que seus alunos também apresentavam ritmos diferentes não só na execução dos movimentos em si, como também na forma de ataque a esses movimentos. Em tudo havia um ritmo, que podia ser externo, quando induzido por ela ou pela música, ou interno, de cada ator. Sustentando essa conclusão, temos Jacques-Dalcroze, músico suíço que, em virtude de dificuldades com seus alunos no Conservatório, elaborou um método em que o corpo é o elo entre som e pensamento. Partindo de exercícios rítmicos de solfejo em que utilizava braços e pernas, ele transformou o ritmo no centro da prática. A sensação muscular resultante deriva, segundo ele, das relações entre a dinâmica dos movimentos e a situação do corpo no espaço. Para Jacques-Dalcroze, a "disciplina do sentido rítmico muscular converte o corpo em um instrumento onde vibra o ritmo"[20].

Com base nessa observação, Angel elaborou mais um dos seus princípios básicos, talvez um dos mais importantes: **o respeito à individualidade do ser humano**, que será, como veremos, reafirmado por várias outras descobertas. Em suas aulas, apesar de estas serem dirigidas para um grupo, ela oferece atendimento individual aos participantes. Apoiando essa afirmação e sustentando o princípio de respeito às individualidades, temos os estudos de anatomia, cinesiologia e fisiologia. Eles mostraram que, apesar de a estrutura do nosso esqueleto ser basicamente a mesma, cada um de nós tem uma individualidade de funcionamento condicionada, por exemplo, pelo tamanho e pela elasticidade dos tendões e por maior ou menor profundidade nos encaixes das articulações. O movimento corporal é limitado pela "capacidade estrutural do corpo e esse limite é dado por razões que caracterizam cada estrutura física em particular"[21].

Por meio dos estudos de cinesiologia, Angel Vianna percebeu que nossa mobilidade está condicionada ao esqueleto. Sendo assim, passou a se preocupar com os movimentos não só do ponto de vista muscular. Verificou que o conhecimento das dobradiças e alavancas corporais é de suma importância para a movimentação e fundamental para a economia de energia. Ao tomar consciência dos ossos, dos apoios reais do esqueleto e da tridimensionalidade, o indivíduo consegue sentir que uma boa postura pode ser obtida por meio dos ossos, liberando tensões musculares excessivas.

Tudo em nosso corpo tem sua função. Quando uma parte exerce a função de outra, como músculos em determinadas posições fazendo o papel dos ossos, criam-se tensões que comprometem a mobilidade e a sensibilidade. É importante permitir a articulação harmônica do esqueleto com a musculatura, mantendo as funções definidas e complementares. Isso traz equilíbrio ao tônus corporal e a percepção de todas as possibilidades de movimento que tem o esqueleto humano. **A consciência de que somos um todo** é outro princípio importante para Angel Vianna.

As transformações químicas que ocorrem em nosso corpo fazem que "a cada instante sejamos substancialmente outro"[22]. O movimento, instrumento pelo qual Angel Vianna chega ao conhecimento e à conscientização, pode ser considerado a base do próprio **impulso de vida** e, como Feldenkrais afirmou em seu livro *Consciência pelo movimento*, é a base da consciência. A mobilidade do feto, por exemplo, surge como um impulso primitivo, aparentemente sem finalidade, demonstrando um prazer no movimento por si só; Angel procura a volta dessa espontaneidade, perdida durante a vida, para que possamos reconquistar movimentos esquecidos e descobrir novos.

A espontaneidade, como nos mostram Lapierre e Aucouturier[23], é perdida quando o corpo sente prazer ou desprazer, em contato com um mundo que lhe coloca limites e proporciona interações com as quais entra em acordo ou desacordo. Como conseqüência, surgem os conflitos que moldam o desejo de se mover, bloqueando, muitas vezes, partes do corpo. Quando trabalhamos com o espontâneo, são exatamente esses desejos e conflitos, traduzidos em forma de ação, que encontramos.

Angel Vianna, com seu trabalho, resgata essa espontaneidade, dando condições a cada ator que com ela trabalha de descobrir e superar os bloqueios corporais. Ela mostra que, por meio das ações que acontecem no corpo de cada um, é possível obter maior autoconhecimento e expressividade, não sendo essas experiências privilégio de uma classe ou de algumas pessoas.

Lapierre e Aucouturier[24] trazem uma série de colocações que contribuem para fundamentar o trabalho de Angel Vianna. Segundo eles, os movimentos nos permitem viver e, analisando o nosso dia-a-dia, verificamos que estão sempre em busca dessa finalidade. Eles nos permitem satisfazer necessidades vitais, ter conhecimento sobre nós mesmos e sobre os outros. Favorecem o acesso ao significante, à palavra, ao conceito.

É pelo movimento que exploramos e descobrimos o mundo. Necessitamos tocar, mover objetos, lançá-los no espaço, girar, nos colocar em cima e embaixo, dentro e fora deles para realmente conhecê-los, descobrir suas estruturas, formas, direções e volumes. Essa movimentação às vezes pára – corpo e objeto ficam imóveis. Nesse momento, descobrimos uma estrutura, aprendida vagamente, que, aos poucos, torna-se consciente. Segundo esses dois autores: "A imobilização é uma parada na criatividade, em favor da consciência de uma criação. É o prolongamento da imobilidade que permite passar da criatividade à criação, isto é, à fixação mesmo provisória de uma estrutura"[25].

Em suas aulas, Angel Vianna, a cada movimento que o corpo executa, faz o ator "dar-se um tempo", entrar em um aparente estado de imobilização, para perceber o que aconteceu. Como foi? O que esteve envolvido? O que se modificou? Que tipo de esforço foi usado? Houve esforço desnecessário? Qual? Esse tempo de aparente "imobilidade" é de grande importância, pois é quando se descobre cada milímetro deste objeto desconhecido com o qual se convive diariamente – o corpo.

Para o ator, esse uso da imobilidade para detectar e fixar novas posturas é de grande importância. É o modo pelo qual ele pode ter consciência do que está fazendo; suas atitudes deixam de ser casuais e passam a ser conscientes. Quando o ator pára e analisa como foi o movimento, que esforço aplicou, de que modo foi feito, que partes do corpo estavam envolvidas, vê com clareza todos os excessos que devem ser eliminados para que sua comunicação com o público seja plena. Há uma aparente imobilidade porque, na realidade, quem o vê de fora nesse processo acha que ele está imóvel. Entretanto, todo o trabalho mental de conscientização do seu corpo coloca-o em uma atividade intensa, com o envio e recebimento de vários estímulos que darão condições de criar novas posturas, capazes de realizar a comunicação desejada.

Em sua prática, Angel Vianna faz uso de um tipo específico de movimento: o movimento voluntário, apesar de espontâneo e consciente, pelo qual extravasamos energias. Quando se tem por base o conhecimento das funções orgânicas de ossos, articulações, músculos e tendões, o corpo recebe uma ajuda inestimável para o desenvolvimento e para a formação do esquema e/ou imagem corporal. Foi isso que Angel Vianna acrescentou à individualidade do ator. O estudo de anatomia, a terceira fonte de conhecimento na criação do trabalho, reforçou seu princípio do respeito à individualidade dos atores, a que nos referimos anteriormente. Por meio da anatomia, fisiologia e cinesiologia direcionadas para o funcionamento do corpo, ela entendeu os movimentos de dança que realizava. Assim, Angel aprendeu que trazemos uma herança biológica em nossos ossos, tecidos, pele, glândulas, assim como na capacidade e na forma de nosso sistema nervoso. Apesar de todos termos um esqueleto básico comum, seu funcionamento difere de pessoa para pessoa, devido tanto à herança biológica, mostrada pelo estudo de anatomia (maior ou menor mobilidade das articulações, maior ou menor elasticidade dos tendões), quanto à história de vida, como bem provou Reich.

Reich[26] explica que criamos uma "couraça muscular", ou "armadura", com a finalidade de nos proteger de impulsos ameaçadores internos ou externos. Para superá-la, ele propõe uma abordagem sobre a expressão do corpo, baseada no conhecimento da formação dessa "armadura". Ele define a "couraça muscular" como a forma somática das experiências infantis de angústia, e defende essa ação corporal uma vez que, "se deixamos o paciente falar ao acaso, descobrimos que a conversa se alheia dos problemas, os obscurece de uma ou de outra forma"[27]. Uma vez proibido de falar por período determinado, o paciente coloca o problema claramente na expressão corporal da emoção. Assim, considera que a linguagem verbal freqüentemente funciona como uma defesa e, por isso, trabalha a linguagem expressiva com a finalidade de desestruturar a couraça muscular.

Angel Vianna, com o trabalho de Conscientização do Movimento, que busca um conhecimento corporal, propicia a descoberta e a quebra das "armaduras" quando procura a eliminação de todo esforço supérfluo, em uma tentativa constante de superar o estágio já atingido. Assim, o ator se torna apto a ultrapassar momentos difíceis de sua história, o que exige um corpo "afinado" como um instrumento musical, para que não se deixe envolver com os problemas do dia-a-dia. Esse conhecimento do corpo, diz Angel, é gradativo e permanente, e deve ser feito com muito amor.

Essa afirmação dá ao ator a consciência de que ele é único e, por isso, não deve seguir padrões estabelecidos. Deve, pelo contrário, descobrir padrões próprios e atuar de acordo com eles. Tal conhecimento também leva o ator a fugir da imitação e partir para a criação, uma vez que ele sabe que é, por natureza, diferente do outro, e que a imitação pode parecer falsa. Está certo de que é capaz de, usando o seu potencial, criar um modo de atuar diferenciado.

O convívio com a Geração Complemento[28] e as artes plásticas, outra técnica importante na criação do trabalho, direcionou a curiosidade latente de Angel Vianna para a busca pelo espaço, por meio do estudo da perspectiva e da importância de visão. É pela visão que, inicialmente, temos contato com o corpo do outro e com o próprio corpo. José Angelo Gaiarsa, psicoterapeuta paulista, ensina que "ver é mais um problema de coragem"[29], quando se trata de enxergar o que não queremos que seja visto. E o bom da vida, diz Angel, é poder conhecer o outro, mesmo que ele não esteja se mostrando. Isso é possível com o desenvolvimento da percepção visual, e é muito importante para o professor, que tem de estar atento a cada aluno, mesmo sem conhecer sua história.

Não só o desenvolvimento da visão é objeto de seu trabalho. Todos os sentidos devem ser, de modo geral, aguçados. A percepção deve ser desenvolvida em todos os níveis. Temos, por exemplo, o tato e o contato, aos quais já nos referimos anteriormente. São sensações obtidas por meio da pele, mas diferentes entre si. O tato é externo e acontece pelo toque certo nos músculos, na pele, nos ossos; o contato não é apenas externo, com os objetos, mas também consigo mesmo e com o outro. **O toque ótimo**, na força ideal e no local exato, é um dos princípios mais difíceis a serem trabalhados.

Saber o que é muito e o que é pouco para que, pelo toque, aconteça a descoberta e o saber não é tarefa muito fácil. Essa experiência, que Angel Vianna viveu no manuseio da argila e de outros materiais com os quais fazia as esculturas – que exigiam uma pressão correta para que a obra não quebrasse –, aproxima-a da Eutonia de Gerda Alexander, a quinta base de conhecimento que a levou à criação da Conscientização do Movimento.

É Gerda Alexander quem diferencia tato e contato. Segundo ela, o tato é o responsável pelo reconhecimento dos limites externos do corpo, dando-nos informações sobre o mundo, não só pelas formas, temperaturas, consistências dos materiais, como também pelas informações emocionais resultantes da comunicação não-verbal, como ternura, indiferença e agressão. Por meio do tato, diz Gerda Alexander[30], "vivencio minha forma corporal exterior, o que me permite a identificação comigo mesmo". Já "pelo contato, ultrapassamos o limite visível de nosso corpo"[31]. Esse contato consciente, segundo Gerda, tem influência no tônus, na circulação e no metabolismo.

Angel Vianna, além de trabalhar o toque para o conhecimento da forma e do volume do corpo, atua também com o contato, não só pelo uso do chão, das paredes, de bambus, de bolas, como também do outro. Por meio deles, ela dá seqüência ao conhecimento corporal e desenvolve a criatividade de maneira mais objetiva. A presença do outro traz o inesperado, posto que a comunicação entre os parceiros se dá por uma movimentação não combinada. Assim, cada um age e reage de forma espontânea uma vez que, dado o estímulo inicial, a movimentação e a comunicação devem fluir de modo contínuo, provocando descobertas sempre novas com relação a possibilidades de movimento e, conseqüentemente, de conhecimento corporal.

A pele, responsável por esses contatos, também é vista como um órgão vivo que pode ser afrouxado para dar lugar à movimentação. Angel Vianna usa muito a expressão "tirar a saia justa da pele", a fim de dar espaço às articulações, em um trabalho que atinge até as gengivas e o couro cabeludo, partes que a maioria das pessoas não imagina passíveis de um afrouxamento.

Visando aumentar a percepção do ator em todos os níveis, Angel Vianna trabalha a audição. Devemos saber ouvir nosso corpo e ter com ele a mesma afinação que os músicos têm com as notas musicais. Nesse ponto, Angel Vianna reporta-se mais uma vez à música, parte integrante do currículo de sua primeira escola, ainda em Belo Horizonte. Angel procura aumentar a percepção auditiva de cada aluno, tanto por meio do estudo da música – no que se refere a reconhecer os diferentes valores das notas, as divisões de tempo e compasso e a marcação de tempos fortes e fracos –, como também por meio da atenção aos sons externos e internos, vozes, barulhos produzidos pelos pés no contato com o chão e ruídos do dia-a-dia.

Para que esse trabalho aconteça, é indispensável o desenvolvimento da observação. Temos de observar, sem preconceitos, as ações e reações que se produzem no corpo para conseguir a integração. Devemos estar aptos a distinguir a sensação real daquela que é fruto da imaginação, o que não é tarefa das mais fáceis.

Yoshi Oida[32], ator japonês integrante da companhia de Peter Brook desde 1968, ao tratar de movimento e de conhecimento corpóreo, ressalta que aprender a "geografia do corpo" não consiste simplesmente em fazer exercícios ou adquirir novos padrões de movimentos. É necessária uma "consciência desperta". Existe sempre uma correspondência entre corpo físico e realidade interior. Sendo assim, é necessário saber como e onde está nosso corpo a cada momento, e como cada parte se relaciona com o resto do corpo e com as "sensações interiores". Yoshi Oida também destaca, como Angel Vianna, a importância de experimentar os movimentos – a simples execução mecânica desses movimentos não significa nada. Devemos notar as sensações dentro do corpo, aprender com elas. Para Oida, o ator "não deve ser teórico", não deve ser "tão lógico nem confiar na sua compreensão intelectual. A atuação se dá através do corpo e não do cérebro"[33]. Aprender por meio do corpo leva o ator a "aprender algo que vai além do próprio corpo" e, para alcançar isso, "é preciso estar presente dentro da própria pele, o tempo todo"[34]. "Um bom ator deve ser fisicamente estável; não rígido como uma árvore, mas flexível como água."[35]

Todo pensamento tem movimento, afirma Angel, e este repercute no corpo diretamente. A observação estritamente objetiva das sensações do corpo é o grande estímulo desencadeado por Angel. Como essas sensações diferem de ator para ator e também no mesmo ator, dependendo do momento, não há uma solução definitiva, mas uma necessidade constante de avaliação. Aos atores que, em vez de sentir, fazem perguntas querendo respostas prontas para a existência, Angel Vianna recomenda que se permitam o gosto da descoberta, o prazer de dizer: "Hoje eu descobri meu dedo, meus apoios; agora é caminhar, quem sabe isso continua?"

Ao desenvolver todos os sentidos, por meio do aumento da percepção em todos os níveis e da descoberta da perspectiva no próprio corpo, Angel Vianna leva o ator à sua **tridimensionalidade**. Nessa descoberta, outro ponto importante se coloca: a oposição dos vetores de força dando *concretude* à forma. Essa percepção ocorre por meio de uma visualização de vetores de força, que saem do centro do nosso corpo em direções opostas, capazes de nos deixar em pé e de construir a forma externa que desejamos. Se há um vetor para baixo, estamos com os pés no chão; se há outro para cima, nossa cabeça está em oposição aos pés; nossos ombros são dirigidos para os lados, seguindo a ossatura, assim como os quadris. Qualquer vetor que mude de direção altera as formas interna e externa do corpo.

A Conscientização do Movimento, no que diz respeito especificamente a atores, foco principal de nosso trabalho, proporciona uma nova maneira de usar o corpo em cena, projetando o movimento sem que para isso seja necessário se movimentar. O uso do corpo de frente, de lado ou de costas tornou-se mais orgânico e expressivo e a comunicação, mais verdadeira.

Em outras palavras e tentando fazer uma síntese do que foi descrito, podemos dizer que o trabalho de Angel Vianna parte do real para conseguir um estado de leveza, de entrega ao movimento induzido pelo próprio corpo, de maior percepção em todos os momentos da vida, de uma prontidão para a ação criativa, de uma comunicação mais efetiva e espontânea.

Angel vai do micro ao macro. O trabalho se inicia em um estado de aparente imobilidade. Mas, internamente, existe um esforço de percepção, de visualização e de imaginação da forma dos ossos, da abertura das articulações e da forma dos músculos, em que a pele é vista como um órgão vivo que, com elasticidade, envolve órgãos, músculos e ossos. Daí, Angel parte para os micromovimentos das articulações, aos quais ela dá grande ênfase, seguidos do que entendemos, de modo geral, como movimento, as grandes alavancas e os movimentos maiores.

O grande movimento, segundo Angel Vianna, só é possível se as pequenas articulações que o executam tiverem mobilidade. Estas costumam ser sustentadas por músculos tônicos, que permanecem tensionados a maior parte do tempo. Esse conjunto tem de ser relaxado a fim de criar espaço e dar lugar aos movimentos maiores. Por isso, a aula começa sempre no chão, nessa aparente imobilidade, para terminar com os Jogos Corporais, em que entram a improvisação e a criatividade de cada um. Na visualização inicial, conta muito a individualidade da pessoa, como ela se sente, como percebe seu corpo naquele **momento**. Não se trata de mero jogo de palavras para que se alcance determinado resultado, mas de incutir no ator a noção de que seu corpo é dinâmico, passar a visão de que ele tem de perceber a si mesmo não só do ponto de vista estrutural como também emocional. Com base na constatação de que é mais difícil perceber algumas partes em relação a outras, e de que essas partes não são sempre as mesmas de um dia para o outro, entende-se a real necessidade desse inventário corporal diário antes de executar qualquer trabalho. Ao mesmo tempo, o contato com o outro mostra que esse outro também é diferente e muda a cada dia. Isso nos leva realmente a "habitar nossos corpos" e a perceber que "a mais sutil mudança no corpo afeta a paisagem interior. Perceber essa conexão misteriosa, a todo momento, enquanto atuamos, é completamente maravilhoso"[36]. Em se tratando de atores, isso não pode ser esquecido.

Em um país como o Brasil, onde o movimento e a dança estão sempre presentes, onde as grandes manifestações populares encontram no corpo o melhor meio de comunicação, onde poetas e escritores cantam a beleza da "ginga carioca" e a "dança" dos jogadores de futebol, Angel Vianna não poderia ter encontrado melhor caminho na busca de uma expressão mais plena para atores e bailarinos.

||JOGOS CORPORAIS||

O que são?

Os Jogos Corporais são hoje definidos por Angel Vianna como uma "improvisação que é ao mesmo tempo uma criação musical e teatral"[37].

Iniciados de modo intuitivo, quase ao mesmo tempo que a ação pedagógica de Angel, **os Jogos Corporais são de grande importância para o trabalho proposto por ela** e são os responsáveis pela finalização de todas as suas aulas.

Inicialmente, Angel chamava essa prática de "**Preencher o espaço vazio**". Nela, os atores envolvidos procuravam perceber e preencher os espaços vazios existentes, projetando formas para outras direções no espaço total.

Existem mil e uma maneiras de jogar. O importante é estar disposto a ser criativo, a buscar o corpo em essência, a deixar fluir a capacidade de criação, que é ilimitada, porque o corpo tem infinitas possibilidades de movimento. É preciso, então, exteriorizar e desenvolver o conhecimento que está escondido, fazer acreditar que se tem esse conhecimento naturalmente[38].

Os Jogos Corporais dão aos participantes a oportunidade de experienciar[39] uma movimentação fruto de um relacionamento espontâneo com o outro ou com um objeto.

A intuição e a espontaneidade são as principais características que os Jogos Corporais despertam. Para criar um ambiente propício ao afloramento dessas qualidades, Angel pede que as respostas sejam rápidas, sem uma construção mental anterior. Essa não-preparação, considerada como Viola Spolin[40], dá lugar à espontaneidade e "cria uma explosão" que nos faz, pelo menos por um momento, esquecer padrões de comportamento já estabelecidos. Viola Spolin, conhecida internacionalmente por seu trabalho com Jogos Teatrais, coloca o jogo como um dos sete aspectos da espontaneidade, entendendo-o como

> forma natural de grupo que propicia o envolvimento e a liberdade pessoal necessários para a experiência. Os jogos desenvolvem as técnicas e habilidades pessoais necessárias para o jogo em si, através do próprio ato de jogar.[41]

Angel Vianna sempre se preocupou em desenvolver a criatividade dos alunos, por meio de trabalhos de improvisação, em todas as atividades propostas. Acredita que "ninguém ensina nada a ninguém"[42] e que a aprendizagem se dá muito mais pela experiência.

No ato de jogar, a pessoa tem liberdade para agir a fim de alcançar seu objetivo. O único compromisso é com as regras do jogo. No caso dos Jogos Corporais, essas regras determinam os estímulos iniciais para que a movimentação se inicie. Daí para a frente, o como fazer é sempre ditado pelos participantes.

Esse jogo, entretanto, não deve ser confuso. Muito pelo contrário, é um jogo simples, com objetivos bem claros, com a finalidade de aumentar a percepção, liberar e conhecer o corpo.

Jogo Corporal é, nas palavras da própria Angel Vianna, "**a criatividade em funcionamento para a percepção**"[43].

Não existem critérios de aprovação e desaprovação, cada um é livre para agir desde que tenha como foco do jogo conhecer seu corpo. Não existem, assim, movimentos certos ou errados. É importante deixar isso bem claro para os jogadores porque "o primeiro passo para jogar é sentir liberdade pessoal"[44], pois só estando livres vamos perceber e experimentar todas as possibilidades que surgem durante o jogo.

Muitas vezes, o trabalho com os Jogos Corporais se confunde com a improvisação, pois é ela que comanda a movimentação dos jogadores e, conseqüentemente, as descobertas que resultam. A diferença é que, nesse caso, o material da improvisação surge da relação entre os participantes, e não somente do trabalho isolado de cada um. A relação é o mais importante nesse tipo de conhecimento. Como nos Jogos Corporais buscam-se novas maneiras de trabalhar um mesmo ponto, isso é de enorme valia para os atores, uma vez que, nessa busca, a capacidade de observação é colocada em cheque por meio da estimulação dos sentidos. Todo o corpo se volta para perceber o jogo corporal do outro, suas ações e reações. Observar se estão sendo bem usadas as alavancas, as articulações, a percepção, os sentidos, em especial a visão, e a estreita relação com os nossos músculos é tarefa a ser cumprida nos Jogos Corporais.

Tais jogos são maneiras de trabalhar o corpo por novos caminhos. Nunca ficar preso ao conhecido é um lema que Angel Vianna segue constantemente. Para isso, é importante perceber o ator com quem se trabalha. Percebendo-o, o jogo é assimilado.

> Dei esse nome de Jogos Corporais porque eles jogam com a criatividade, jogam com a percepção, jogam com o espaço, jogam com a coragem, jogam com a percepção dentro daquele

espaço que pode ser cênico, pode ser de aula, pode ser de vida. Saber jogar é estar presente o tempo inteiro, é estar atento. É um jogo de atenção.[45]

Para que se instale um Jogo Corporal é necessário que exista, de alguma maneira, um relacionamento. Como já vimos, esse relacionamento pode ser entre pessoas, ou de pessoas com objetos. O Jogo Corporal sempre acontece após um trabalho de conhecimento corporal, utilizando como ferramenta a Conscientização do Movimento. O jogo pode ser iniciado de várias e infinitas maneiras, usando para isso exercícios em plano horizontal, que explorem o chão, ou em plano vertical. O importante é permitir que o inesperado se manifeste e os movimentos raros aflorem. A movimentação livre e contínua impede a cristalização.

Para que servem?

Angel Vianna, ao compartilhar das idéias de Viola Spolin, considera possível aprender qualquer coisa contanto que o ambiente e o indivíduo assim o permitam, isto é, desde que o ambiente não imponha restrições e o indivíduo esteja aberto para absorver tudo. "Talento tem muito pouco a ver com isso."[46] É nessa linha que Angel Vianna trabalha com o que chamou de Jogos Corporais. Para ela, como para Viola Spolin, é por meio do aumento da capacidade de experimentar livremente que as potencialidades afloram. E esse ato de experimentar envolve o indivíduo intuitivamente, como um todo, nos planos intelectual e físico.

Criar sempre foi objeto da atenção de Angel, e a criação por parte do ator, em particular, mereceu um cuidado especial.

O professor/preparador corporal deve, segundo ela, ser o estimulador desse processo, fazendo o ator descobrir seu movimento, sua percepção, sua coreografia e sua dança. Ele deve estar essencialmente ligado à estimulação dos sentidos, visando a uma maior percepção do corpo. Tal estimulação inicia-se no começo do trabalho, quando o ator volta-se para dentro de si, buscando a descoberta do corpo por meio do contato com o chão ou com qualquer outro objeto. Nos Jogos Corporais, essa descoberta é aplicada de forma mais dinâmica. Por exemplo, em uma aula em que se trabalha a sensibilidade das pernas e do andar, isso se reflete na ampliação para todo o corpo, com base na percepção do alinhamento das pernas em relação ao pé. O trabalho com áreas específicas do corpo sempre é feito, entretanto, sem se perder a visão do corpo como um todo.

Os Jogos Corporais, como Angel Vianna os concebe, além de contribuírem para o aumento da percepção corporal e para o desenvolvimento da parte motora, colaboram também para desenvolver a rapidez de raciocínio, encontrando soluções rápidas para as situações que se apresentam. A velocidade do diálogo que se instala entre as pessoas durante os Jogos Corporais faz que as soluções tenham de ser achadas rapidamente, não dando tempo para grandes elaborações. Pensamento e ação acontecem em tempo acelerado, fazendo que a pergunta e a resposta sejam desenvolvidas instantaneamente, em um curto período. A cada ação do parceiro a reação deve ser imediata. Isso, para Angel Vianna, é muito importante, porque, concordando com Viola Spolin, quando a pessoa começa a elaborar[47] muito, perde a criatividade do momento espontâneo. A criação espontânea é fantástica, afirma Angel. Sendo assim, usar jogos para atingir o objetivo de criação e conscientização corporal é um meio válido e pertinente.

Angel Vianna procura fazer que, por esse conhecimento do corpo, os atores descubram a dança que existe neles e permitam que essa arte faça parte de seu desempenho como atores. Uma dança livre de padrões que brote exatamente da descoberta corporal, da descoberta de tudo aquilo que está latente, esperando apenas um pequeno estímulo para aflorar. Klauss, lembra Angel, dizia com freqüência: a bacia que dança, o quadril que dança, fazer uma dança com o braço, mas sem esquecer o corpo inteiro.

O jogo torna ágil quem o pratica — aqui, no caso, os atores, com respostas rápidas aos estímulos apresentados e capazes de se envolver com vários estímulos ao mesmo tempo. Isso, entretanto, só será possível se não houver, como dissemos anteriormente, um planejamento prévio. O jogador deve estar receptivo a todos os estímulos e agir espontaneamente. Com esse tipo de atitude, antigas estruturas corporais são destruídas, rearrumadas, desbloqueando os corpos. Todos os sentidos são aguçados e o corpo, como um todo, fica em estado de alerta permanente.

Essa aceitação do indivíduo como ser único, presente na Conscientização do Movimento, existe também nos Jogos Corporais. Os cursos/aulas de outras técnicas, em geral, ensinam que passos, movimentos e exercícios devem ser exaustivamente repetidos para que o objetivo seja alcançado. O trabalho de Angel Vianna, entretanto, rompe com esses padrões rígidos. Nele, nada é predeterminado, só o desejo de descobrir o corpo e usar essa descoberta para viver/atuar melhor.

Outro ponto importante nos Jogos Corporais é que esse trabalho deve fazer o ator perceber o corpo com alegria, com prazer. O trabalho deve ser muito bem distribuído no que diz respeito ao tempo despendido, para que não se torne rígido.

Destinar um tempo muito longo à parte de Conscientização do Movimento pode ser cansativo, levando a um jogo, por vezes, incômodo, o que não é o desejado. Para que apareça o resultado esperado, que é um conhecimento corporal mais profundo, o jogador deve se sentir alegre e feliz com as descobertas, as quais não podem demorar muito a vir, pois correm o risco de nunca acontecer.

Por meio dos Jogos Corporais é possível alcançar, além da palavra, o gestual, que vai ajudar o ator a projetar esses gestos de forma constante, para que a platéia possa ouvir sua voz e notá-lo no palco. Do contrário, há o risco de ele nem sequer ser percebido em cena, simplesmente pela dificuldade de "estar presente, de sentir o apoio no chão, de sentir a tridimensionalidade de seu corpo"[48].

Os Jogos Corporais, ao proporcionarem o relacionamento entre os corpos, ajudam na percepção da tridimensionalidade, da relação, do olhar a distância, do olhar mais de perto, além de ajudar na afirmação da individualidade.

Esses jogos são de grande importância no trabalho de Conscientização do Movimento de Angel Vianna, pois acrescentam uma amplitude de pensamento, de raciocínio rápido e de lógica. Muitas vezes, o improvisado em uma aula é reelaborado para a seguinte. É analisado e completado, ou cortado a fim de ficar mais coerente com a idéia que o ator quer exprimir. Daí sua importância para o trabalho do ator, que deve, a cada dia, recriar sua interpretação para que a atuação não se cristalize e perca a capacidade espontânea de comunicar. Teatro é comunicação e, quanto melhor o ator o fizer, melhor será o trabalho em cena.

Angel joga com tudo – com o corpo, com o espaço e com a relação corpo–espaço – para que cada um crie o espaço pessoal, o espaço na sala, o espaço total. Tal conceito passa a ser usado na criatividade do jogo do corpo. Deve-se jogar também com os planos, com os níveis desse espaço, para que se tenha o corpo jogando, percebendo o ambiente e usando-o em toda a sua dimensão para o próprio conhecimento. "O jogo é uma forma natural de grupo que propicia o envolvimento e a liberdade pessoal necessários para a experiência."[49]

Como são utilizados?

Os Jogos Corporais são criados com base no tema da aula, no que foi proposto naquele dia, sempre após um trabalho inicial de Conscientização do Movimento. Por exemplo, em uma aula em que se trabalha o ato de locomoção, os jogos giram em torno da movimentação de cada um dos participantes, da descoberta desta de um lugar para o outro, da percepção de como mudar o grau e a sensibilidade do movimento, de como se relacionar e combinar o deslocamento pelo espaço com o de um ou vários parceiros. Os Jogos Corporais conferem ao sujeito a plena consciência de seus espaços – o pessoal e o da sala de aula, com base na presença do outro.

O corpo joga percebendo a si próprio ou a uma dupla, um trio ou um quarteto; também pode usar objetos como banco, bola, lenço e bastão para se perceber, utilizando seus apoios, para sentir a pressão e a resistência. O importante é aprofundar o foco escolhido para o trabalho daquele dia, o tipo de percepção que se deseja trabalhar – pessoa, dupla, grupo, objeto –, e manter isso desde o início até o final do trabalho. Quando se escolhe um objeto, ele deve ser colocado no maior número de trabalhos de sensibilidade corporal possível: como um todo, sentido nos ossos, nos músculos e na pele. Uma vez desenvolvido o trabalho de percepção, que leva a um trabalho de consciência profunda, inicia-se o jogo, porque só quem está presente se conhece e pode, então, jogar no espaço. É um jogo do corpo criativo e comunicador. Não é para competir, e sim para se relacionar, para deixar aflorar toda a percepção corporal dentro do espaço interno, pessoal, parcial e total do sujeito. Em se tratando de atores, esses jogos tornam-se infinitamente criativos. A possibilidade de brincar, criando com palavras e movimentos, faz a locomoção ser infinitamente produtiva e prazerosa.

Em um Jogo Corporal podemos ter como aliados a palavra, as frases e os exercícios de locomoção, e com eles criar uma nova estrutura corporal, desenvolvendo a parte rítmica por meio do contraste ou da combinação do ritmo da palavra com o movimento do corpo. É um andar rápido com um ritmo lento para a emissão das palavras, com pausas e contratempos, criando frases, juntando as palavras de um ator com as de outro, tudo ao mesmo tempo em que acontecem os movimentos do corpo. Desse modo, cria-se um jogo de palavras e do corpo.

O Jogo Corporal é parte integrante de qualquer trabalho corporal feito por Angel Vianna. "Quando eu não jogo, a aula fica sem o toque final."[50] Faz parte da própria dinâmica do trabalho de Angel Vianna, que se caracteriza, como já dissemos anteriormente, por uma constante atualização. É importante incentivar a expressão física porque "o relacionamento físico e sensorial com a forma de arte abre as portas para o *insight*. Este relacionamento mantém o ator no mundo da percepção – um ser aberto em relação ao mundo a sua volta"[51].

Angel não se fixa no já realizado. Como ela mesma diz, "não quero me prender ao que eu já sei, gosto de deixar a minha cabeça livre e ajudar o ator a ter uma cabeça que possa raciocinar mais rápido sem deixar de lado a parte criativa do corpo"[52]. O corpo não tem limites, há uma inquietação constante para que a criação não fique "codificada", isto é, não se cristalize, não se guardem respostas para serem usadas sempre que a situação se repetir. É preciso deixar o raciocínio se expandir dentro dessa linha de liberdade.

Essa liberdade, entretanto, é regida por uma linha de trabalho em que não há espaço para inconseqüências. Angel Vianna é sempre muito cuidadosa com as pessoas com quem trabalha e, além de saber até onde pode chegar, faz as próprias pessoas perceberem isso no jogo. Não permite um trabalho que vá além do limite de cada um, para que o jogo se desenvolva sem danos. No Jogo Corporal é importante saber se relacionar com o espaço, saber jogar com o outro, saber, principalmente, perceber o outro. Por meio dos jogos, faz-se que as pessoas, em especial os atores, não passem pela vida sem notar que existe um espaço que é ao mesmo tempo limitado e amplo.

Muitas vezes, o Jogo Corporal que acontece em uma aula é indicado pelos próprios participantes sem que eles tenham consciência disso. A dinâmica de corpos que se instala durante o trabalho encaminha o jogo naturalmente. Quem dirige os trabalhos, entretanto, precisa estar bastante atento para reconhecer que jogo é esse. "É muito bonito", diz Angel Vianna, "depois de longos anos você percebe o que o ator precisa naquela aula"[53]. Trazer a aula pronta muitas vezes impede essa percepção. Pode-se chegar com a idéia daquilo que se pretende trabalhar em determinado dia, mas é importante perceber os presentes para ver como trabalhar cada ponto, ou mesmo para ter a capacidade de mudar o planejamento, se a necessidade do grupo for outra naquele momento.

É essencial também, nos Jogos Corporais, que os parceiros (objetos ou pessoas) não sejam sempre os mesmos. A diversidade no relacionamento cria a possibilidade de estímulos diferentes, reações distintas e, conseqüentemente, descobertas diversas e incomuns. Muitas vezes essa parceria clarifica os pontos que eram, até então, obscuros no trabalho individual. O corpo nesse trabalho percebe o outro corpo, e esse outro é sempre um ser especial no mundo. A tentativa de unificação de movimentos, que se nota em alguns trabalhos com códigos rígidos, em que padrões preestabelecidos devem ser seguidos, nunca aparece no trabalho de Angel Vianna.

Quanto maior for o número de participantes no Jogo Corporal, maior será a dificuldade para harmonizar os ritmos individuais, entendendo por ritmo a velocidade com que cada um se movimenta ou reage ao movimento do outro. Devemos, então, agregar aos poucos o número de pessoas participantes no grupo, para que esses ritmos sejam ajustados e cada participante, conhecendo melhor seu ritmo e o do parceiro, saiba como modificá-lo para se ajustar ao todo. Cada novo integrante provoca uma mudança no jogo anterior. Quanto maior o grupo, maior a atenção exigida de quem está dirigindo o trabalho.

Mesmo em uma aula de balé clássico, Angel procura pôr em prática o Jogo Corporal. Temos, por exemplo, as diagonais com grandes e pequenos saltos. Para indicar a largura e o tipo de salto a ser executado, Angel Vianna usa o recurso do jogo de ultrapassar obstáculos distintos, sejam eles pequenos ou grandes, com duas pernas, com apenas uma das pernas e assim por diante. Com isso, traz para o ator o trabalho técnico do balé clássico de forma mais descontraída.

O jogo abrange muitas áreas, mas durante a aula as etapas não são rotuladas como Conscientização do Movimento ou

Jogo Corporal. A razão apresentada por Angel Vianna é que, quando se fala muito sobre certas coisas, ninguém age naturalmente; fica tudo muito racional, inibindo o participante. O importante é deixar fluir, deixar acontecer o trabalho na aula. As sugestões são dadas e o trabalho surge. É um direcionamento ao mesmo tempo planejado e livre. São as exigências do próprio jogo que nos dão o caminho a ser seguido. O mais importante é o processo de conhecimento e conscientização que os participantes adquirem como resultado desse jogo.

NOTAS E REFERÊNCIAS BIBLIOGRÁFICAS

1 Termo usado em balé para designar que a perna no chão ou no ar faz um movimento em círculo com rotação externa.
2 GUIGNARD, Alberto da Veiga. Pintor, desenhista e professor.
3 CASTELO BRANCO, Sansão. Pintor, desenhista, cenógrafo, figurinista e decorador.
4 PEDROSA, Maria Isabel, dita Misabel. Gravadora, pintora, escultora e professora.
5 VIANNA, Angel. Entrevista concedida à autora em 22 de maio de 2002. Rio de Janeiro.
6 BROOK, Peter. *O ponto de mudança*. Rio de Janeiro: Civilização Brasileira, 1994, p. 21.
7 BROOK, Peter. Op. cit., p. 23.
8 ELIAS, Andréa. Bailarina formada pela Escola Angel Vianna, atriz formada pela Universidade do Rio de Janeiro (Unirio), atua como atriz e como preparadora corporal de peças no Rio de Janeiro.
9 _____. Entrevista concedida à autora em 15 de fevereiro de 2002. Rio de Janeiro.

10 VIANNA, Angel. Entrevista concedida à autora em 4 de maio de 2001. Rio de Janeiro.
11 LECOQ, Jacques. Francês que, em 1945, funda uma companhia de teatro com Gabriel Cousin. Descobre o trabalho de máscaras e também o espírito de Copeau, do qual diz ser indiretamente herdeiro. Ao lado de Dario Fo, Franco Parenti, Luciano Berio e Anna Magnani procura gestos novos para a música contemporânea. Em 1956 volta a Paris para abrir sua escola de mímica e de teatro. Em 1977, cria o Laboratoire d'Étude du Mouvement.
12 STOKOE, Patrícia. Bailarina, coreógrafa e educadora argentina, viveu doze anos na Inglaterra. Sua formação inclui balé clássico, danças folclóricas e a dança moderna de Rudolf von Laban. Em 1950, volta para a Argentina e divulga suas experiências e investigações dando o nome de "expressão corporal". Seu objetivo é colocar a dança ao alcance de todos, permitindo-lhes que, por meio da voz e do olhar, possam expressar sensações, emoções, sentimentos e pensamentos para se comunicar consigo e com os demais.
13 VIANNA, Angel. Entrevista concedida à autora em 2 de fevereiro de 2001. Rio de Janeiro.
14 ALEXANDER, Gerda. *Eutonia: um caminho para a preparação corporal*. São Paulo: Martins Fontes, 1983, p. 12.
15 LABAN, R.; LAWRENCE, F. C. *Effort*. Boston: Plays, Inc., 1974.
16 BYINGTON, Carlos Amadeu Botelho. *Pedagogia simbólica*. Rio de Janeiro: Rosa dos Tempos, 1996, p. 147.
17 FELDENKRAIS, Moshe. Matemático, engenheiro e físico cujos estudos focavam-se na capacidade de aprender do ser humano.
18 _____. *Consciência pelo movimento*. São Paulo: Summus, 1977, p. 57.
19 *Ibidem*.

20 DALCROZE, J. *apud* COMPAGNON, G.; THOMET, M. *Educación del sentido rítmico*. Buenos Aires: Kapelusz, 1996, p. 4.
21 LIMA, José Antônio de Oliveira. *Movimento corporal: a práxis da corporalidade*. 1994. Dissertação (Mestrado em Educação). Faculdade de Educação, Unicamp, Campinas, SP.
22 GAIARSA, J. A. *O que é corpo*. São Paulo: Brasiliense, 2002, p. 34.
23 LAPIERRE, A.; AUCOUTURIER, B. *La symbolique du mouvement*. Paris: Epi Editeurs, 1975.
24 *Ibidem*, p. 35.
25 *Ibidem*.
26 REICH, H. *Análisis del carácter*. 52. ed. Buenos Aires: Paidós, 1975.
27 *Ibidem*, p. 37.
28 Geração Complemento. Grupo que reuniu, em seus quadros informais, o melhor do que se fazia em todos os setores da cultura. Foi a Geração Complemento que apresentou a Minas e ao país nomes da ultravanguarda internacional, como Ionesco, Arrabal, Thorton Wilder, Beckett.
29 GAIARSA, J. A. *A estátua e a bailarina*. 3. ed. São Paulo: Ícone, 1995.
30 ALEXANDER, Gerda. Op. cit., p. 25.
31 *Ibidem*, p. 25.
32 OIDA, Yoshi. *O ator invisível*. Tradução de Marcelo Gomes. São Paulo: Beca Produções Culturais, 2001, p. 40.
33 *Ibidem*.
34 *Ibidem*.
35 *Ibidem*.
36 ALEXANDER, Gerda. Op. cit., p. 25.
37 VIANNA, Angel. Entrevista concedida à autora em 22 de novembro de 2003. Rio de Janeiro.
38 *Ibidem*.

39 EXPERIENCIAR. É o fazer buscando uma descoberta, é o fazer com característica de experimento.
40 SPOLIN, Viola. *Improvisação para o teatro*. 4. ed. São Paulo: Perspectiva, 2000, p. 4.
41 *Ibidem,* p. 3.
42 VIANNA, Angel. Entrevista concedida à autora em 22 de novembro de 2003. Rio de Janeiro.
43 *Ibidem.*
44 SPOLIN, Viola. Op. cit., p. 6.
45 VIANNA, Angel. Entrevista concedida à autora em 22 de novembro de 2003. Rio de Janeiro.
46 SPOLIN, Viola. Op. cit., p. 4.
47 *Ibidem,* p. 60.
48 VIANNA, Angel. Entrevista concedida à autora em 22 de novembro de 2003. Rio de Janeiro.
49 SPOLIN, Viola. Op. cit., p. 4.
50 VIANNA, Angel. Entrevista concedida à autora em 22 de novembro de 2003. Rio de Janeiro.
51 SPOLIN, Viola. Op. cit., p. 14.
52 VIANNA, Angel. Entrevista concedida à autora em 22 de novembro de 2003. Rio de Janeiro.
53 *Ibidem.*

2 | A ação pedagógica de Angel Vianna

| AS PRIMEIRAS INCURSÕES PEDAGÓGICAS DE ANGEL VIANNA EM BELO HORIZONTE |

Angel Vianna, concomitantemente à carreira de bailarina, desenvolveu uma atividade pedagógica, ainda em Belo Horizonte, que de algum modo dava indícios de qual seria sua trajetória no cenário artístico do país.

Amante das artes de modo geral, Angel Vianna dedicou-se inicialmente à música (1945), seguida da dança (1948) e das belas-artes (1951). O interesse pelo corpo humano fez que começasse a percebê-lo em cada uma dessas artes.

Iniciou a atividade pedagógica em dois colégios de Belo Horizonte em 1954 – Doze de Dezembro e Santa Marcelina. Sua grande motivação foi mostrar ao pai a importância de um trabalho corporal. O convite para lecionar poderia fazê-lo aceitar melhor o exercício da arte que já proporcionava à filha trabalho e reconhecimento.

Em 1956, após o casamento com Klauss Vianna (1955), veio a idéia de criar junto com o marido a primeira escola de balé. Tal decisão foi fruto da necessidade de continuar o trabalho iniciado com Carlos Leite, no Ballet Minas Gerais.

Com sede na própria residência de Klauss Vianna, essa escola pretendia ser, como eles próprios diziam, "uma escola de dança clássica menos rígida"[1]. Embora fosse uma instituição destinada a ministrar aulas de balé clássico, o ensino não se limitava a transmitir exclusivamente essa técnica: preocupava-se com uma formação abrangente. Angel e Klauss, buscando a ampliação do campo de conhecimento de seus alunos, sempre aplicavam novas técnicas, corporais ou não. Foram introduzidas aulas complementares, como rítmica, de música e de ioga. Angel e Klauss queriam dar uma preparação mais ampla às pessoas que os procuravam, algo diferente para os alunos.

Essas técnicas eram sempre focadas no corpo. A meta era criar corpos mais sensíveis, com percepções mais aguçadas. As aulas de música, por exemplo, dadas inicialmente por Suzy Botelho, trabalhavam compasso, tempo e ritmo por meio de palmas e locomoção, desenvolvendo a percepção e fazendo que os alunos ouvissem com o corpo inteiro.

Outra preocupação presente desde essa época era desenvolver o lado criativo dos alunos, dando a eles condições de participar na criação das coreografias que seriam executadas.

Com o crescimento da Escola de Ballet Klauss Vianna, veio a pergunta: o que essas crianças precisam, além de trabalho corporal? Começou, então, informalmente, o ensino da história da dança, durante as próprias aulas de balé. As crianças se sentavam no chão e recebiam as informações consideradas adequadas e necessárias, como se ali houvesse um contador de histórias.

A diversidade que adotaram não era comum para a época. De modo geral, exceção das escolas de dança dos teatros municipais do Rio de Janeiro e de São Paulo, as escolas se limitavam a dar aulas de balé clássico. Vemos, então, que Angel Vianna já se preocupava com uma formação mais abrangente em relação à arte. A proposta era formar, nessa nova escola, artistas que usassem a dança como meio de expressão, e não simplesmente pessoas que executassem os passos de balé clássico com perfeição. Para atingir esse objetivo, Angel começou a pôr em prática suas idéias sobre o ensino da dança, arte pela qual havia se decidido.

Como alguns alunos nunca haviam praticado a dança em outra escola, trabalhou com afinco para colocar à prova a idéia e sentir o resultado dela. Sua metodologia já se diferenciava das metodologias de todas as outras escolas de balé. Angel se identificava mais com a área expressionista, por isso as pontas, parte importante no balé clássico, foram eliminadas gradualmente. Para ela, esse aprendizado era válido; entretanto, sentia necessidade de uma movimentação diferenciada, mais livre, menos codificada, em que outro tipo de equilíbrio fosse requerido. Dança codificada não fazia parte do ideal dos Vianna. Angel queria trabalhar de outras maneiras, dando aos alunos um estímulo diferente, que viesse de um sentimento e pudesse fazer aflorar no corpo outro tipo de movimento.

Como sempre teve grande necessidade de dar vazão à sua expressividade, desde essa época, Angel incutiu em seus alunos o modo como o gesto, a voz ou a fisionomia revelam a intensidade de um sentimento ou de um estado moral. Nisso, teve singular importância a troca com o Teatro Experimental e com o Madrigal Renascentista, como veremos mais adiante.

Por meio dessa bagagem artística, surgiu uma abordagem de dança em que se incentivava a capacidade de criação, aliada ao desenvolvimento técnico. Angel Vianna deu origem, então, a um trabalho pioneiro. Tal abordagem, seu grande diferencial, fez não só bailarinos, mas também atores, a partir da década de 1970, buscarem sua escola para um aperfeiçoamento no campo da expressão. Preparar corpos com a intenção de melhor equipá-los para responder às exigências próprias de seu trabalho sempre foi a meta de Angel Vianna. Isso, para um ator, é de suma importância, uma vez que, em cena, ele deve falar de vários modos. E explica o sucesso que tiveram, mais tarde, com atores e diretores que buscavam um novo intérprete para o teatro que surgia.

A inauguração dessa primeira escola abriu o próprio caminho. A instituição ligada ao ensino da dança criada por Angel e Klauss Vianna no ano de 1956, em Belo Horizonte – a Escola Ballet Klauss Vianna –, foi mantida até 1963, quando se mudaram para Salvador, contratados pela Escola de Dança da Universidade Federal da Bahia. Pelo modo como era estruturado o Ballet Klauss Vianna, podemos ver que o caráter de formação profissional já parecia claro, apesar de ser um curso livre destinado a ensinar somente balé. Complementando esse caráter formador, a cada final de ano era chamado um bailarino do Corpo de Baile do Teatro Municipal do Rio de Janeiro para examinar os alunos, que tinham prova de balé clássico, música e história da dança.

Com o crescimento da escola, surgiram o trabalho de palco e a criação da Companhia de Ballet Klauss Vianna. Inicialmente, era um grupo amador formado pelas alunas da escola, que, aos poucos, foi se profissionalizando. Para esse trabalho, associaram-se artistas plásticos que se responsabilizaram pelos cenários e figurinos. A música ficava sempre a cargo da orquestra da Polícia Militar, ou então era criada na própria escola, com a inclusão de sons de máquinas de escrever ou outros instrumentos não muito usuais, que imprimiam uma marca singular. Oficializaram, mais tarde, a Companhia de Ballet Klauss Vianna, com a ajuda das Amigas da Cultura[2], em especial de Anita Uxoa.

É importante lembrar que, na década de 1950, havia em Belo Horizonte a chamada Geração Complemento[3], formada por escritores, atores, músicos e bailarinos, da qual faziam parte Angel e Klauss Vianna. A convivência com esses intelectuais, voltados para o modernismo, para pensar sobre balé, teatro e literatura, foi de grande valor para a direção que tomaria a carreira artística de Angel Vianna. "Nós vivíamos a arte, que era muito interessante, pois cada um trazia a sua experiência profissional e incentivava o outro"[4], conta ela.

Angel e Klauss Vianna costumavam freqüentar também o Centro de Estudos Cinematográficos, único a exibir filmes de arte na cidade. Tiveram contato ali com os atores do Teatro Experimental que, por estarem sem um local para ensaiar, passaram a usar as instalações do Ballet Klauss Vianna, proporcionando uma intensa troca de experiência.

Todo o trabalho corporal para o teatro era feito pelo Ballet Klauss Vianna e todo o trabalho de interpretação para o balé era feito pelo Teatro Experimental. Para completar o trio das artes – dança, teatro e música –, o Madrigal Renascentista, dirigido por Isaac Karabtchevsky, juntou-se aos dois.

Além do envolvimento com o Teatro Experimental, Angel teve participação ativa no Teatro Universitário, tanto como professora quanto como coreógrafa da peça *O pagador de promessas*, montada com os alunos e dirigida por Haydée Bittencourt[5], como nos mostra a reprodução do programa:

"O Pagador de Promessas"

de
ALFREDO DIAS GOMES

(Três atos e cinco quadros)

ZÉ DO BURRO	José Antônio de Sousa
ROSA	Maria José de Almeida
MARLI	Jacqueline de Paula
BONITÃO	Pedro Miranda Ferreira
PADRE OLAVO	Helvécio Ferreira
SACRISTÃO	Necésio Rodrigues
GUARDA	Mozart Minucci
BEATA	Helena Vidigal
GALEGO	Raimundo Farinelli
MINHA TIA	Neuza Rocha
REPÓRTER	Ezequiel Neves
FOTÓGRAFO	Nelson Leão Jr.
UM JORNALEIRO	" " "
DEDÉ COSPE RIMA	Altamirando Passos
SECRETA	Neville Duarte
DELEGADO	Edmar Pereira
MESTRE COCA	Joaquim Soares
UM MENDIGO	José Ulysses de Oliveira
UM MEMBRO DO CÔRO	" " " "
MONSENHOR	Hugo Bouissou
MANOELZINHO SUA MÃE	Jony Faria
MESTRE DO CÔRO	Brasil Winston
OUTRO MEMBRO DO CÔRO	Ildeu Araújo
UMA MENINA	Gabriela Rabelo
UM GAROTO	" "
UM TURISTA	Julio Varella

Salvador — Atualidade

Direção Geral: HAYDÉE BITTENCOURT

Cenário: ARI CAETANO

Direção de Cena - Julio Varella; Côro dirigido por Geraldo Maia; Capoeira ensaiada por Angel Vianna; Figurinos: Haydée Bittencourt; Trajes femininos executados pelas alunas do TU; Maquinista: Tulio Coacci; Eletricista: Alfio Coacci - Fotografias: Pepito Carrero.

Programa da peça O pagador de promessas. Teatro da Universidade de Minas Gerais/MG/1962. Imagem: Cedoc/Funarte. MEC/Seac/SNT/Doação Ibecc – Santo Agostinho Olavo Rodrigues.

O envolvimento de Angel Vianna com o teatro remonta a essa época, e, conseqüentemente, sua ação pedagógica nessa área também. Belo Horizonte foi, como diz a própria Angel Vianna, "o celeiro da dança, da nossa pesquisa, da nossa formação, dos nossos ideais, das nossas crenças, de onde buscar, por que buscar, como fazer"[6].

Angel e Klauss, em busca uma confirmação da qualidade do seu trabalho, uma vez que estavam isolados dos grandes centros culturais do país, convidaram Nina Verchinina[7] (1957) para assistir a um espetáculo do Ballet Klauss Vianna. Nina ficou tão encantada que convidou Klauss Vianna para ser coreógrafo da sua companhia de dança, que estava em turnê, e Angel para ser bailarina. Esse contato com uma nova linha de trabalho foi, para Angel Vianna, de grande valor, pois, como ela própria afirma, "foi importante, também dentro da formação, perceber uma outra linguagem", que, como as que havia conhecido, também era codificada. Durante o período em que esteve na Companhia de Nina Verchinina, Angel pôde ver as diferenças entre seu trabalho e o da bailarina russa. A mais marcante era que o balé de Verchinina exauria os bailarinos, enquanto o dos Vianna evitava exatamente isso.

Quando Klauss ficou doente, Angel Vianna foi obrigada a deixar a Companhia de Nina Verchinina e voltar à sua escola. Sua bagagem artística já estava acrescida de mais uma técnica de dança, que, segundo ela[8], tinha uma linha expressionista.

‖ A UNIVERSIDADE FEDERAL DA BAHIA ‖

Quando, em 1961, Paschoal Carlos Magno organizou em Curitiba o I Encontro das Escolas e Academias de Dança do Brasil, o Ballet Klauss Vianna foi um dos convidados. Isso prova que o trabalho desenvolvido em Belo Horizonte havia ultrapassado a fronteira de Minas Gerais.

O evento não era uma competição, mas um encontro ao qual compareceram as mais expressivas escolas e academias do Brasil, tanto oficiais como particulares. Angel e Klauss levaram para esse encontro cerca de quatorze meninas com idades entre 9 e 14 anos, cuja formação em dança havia sido realizada exclusivamente por eles.

Nesse encontro, cada escola participante deveria apresentar uma aula e uma coreografia. A aula apresentada pelo Ballet Klauss Vianna era composta de duas partes: a primeira era uma aula de música preparada pela professora Suzy Botelho, e a segunda, uma aula de balé clássico dada por Klauss Vianna. O grupo estava muito bem preparado e depois do *battement tendu*[9], como relata Angel Vianna, foram só aplausos até o final da aula. Todos queriam saber se a apresentação tinha sido preparada especialmente para o evento ou se acontecia normalmente no dia-a-dia da escola.

Como coreografia, levaram *Marília de Dirceu* (1962), um trabalho de Klauss Vianna em que Angel interpretava Marília. Klauss imaginou um balé onde Marília e Dirceu se encontravam numa procissão. Essa procissão foi o ponto alto do espetáculo, com uma santa barroca atravessando o palco em diagonal, com figurino desenhado e trabalhado por Degois[10].

Foi nesse encontro que Rolf Gelewski, então diretor da Escola de Dança da Universidade Federal da Bahia, conheceu os Vianna. Já havia ouvido falar deles por intermédio de uma aluna da graduação, Marilene Martins, e, por meio do evento, ficou muito interessado no trabalho de Angel e Klauss. Rolf queria um balé clássico com um enfoque diferente para sua escola, algo não tão rígido, como o apresentado pelo casal. Fez então o convite para que assumissem a cadeira de balé clássico da Escola de Dança da Universidade Federal da Bahia.

Aceitar esse convite significou fechar uma escola com seiscentos alunos e com um trabalho já reconhecido, como indica o prêmio de "Personalidade Artística do Ano", recebido pelo Ballet Klauss Vianna em 1961. Significou também a possibilidade de divulgar o trabalho em outra capital, dentro de uma universidade federal, bem como a oportunidade de alargar a experiência coreográfica pela convivência com Gelewski.

Rolf Gelewski, como a própria Angel diz, "deu a base de um conhecimento", colocando Angel e Klauss Vianna em contato com as técnicas já em uso na Alemanha, seu lugar de origem. Por intermédio de Rolf, os Vianna se aproximaram do trabalho de Laban e Mary Wigman. Rolf, de conhecimento profundo e muito detalhista, apresentou aos Vianna um trabalho realizado em um país desenvolvido, como a Alemanha, com gente conhecida mundialmente, e muito semelhante ao deles.

Rolf Gelewski, responsável pela estruturação do primeiro curso universitário de dança moderna no Brasil, tinha uma forte influência alemã. Formado por uma das principais criadoras da dança moderna alemã – Mary Wigman –, Gelewski desenvolveu um estilo influenciado pela corrente estética que surgiu na Europa Central no início do século XX, época em que Mary atuou. O grande diferencial dessa corrente estava na maneira como o artista vê a sua arte e a sua relação com o mundo. No campo da dança, especificamente, iniciava-se uma dissidência do sistema tradicional do balé clássico, com base na necessidade de uma nova relação dessa arte com a realidade. Na nova proposta, o centro seria a vida interior do bailarino e sua relação com o mundo, em que "o sentimento define o gesto, e o gesto, ao ser realizado, reforça aquele sentimento"[11].

Além de tomar conhecimento do trabalho de Mary Wigman, Angel Vianna, também por intermédio de Rolf Gelewski, conheceu o trabalho de Rudolf Laban, para quem a dança "é uma arte livre, natural e acessível a todos, calcada na busca da essência da alma humana e independente do virtuosismo clássico predominante"[12].

A parceria entre Wigman e Laban (1913-1919) contribuiu muito para a afirmação de uma nova dança, na qual o interior da alma humana era revelado. Além disso, com um estudo rigoroso do movimento, Laban traz elementos essenciais, como o ritmo, a dinâmica e a dimensão espacial, calcados na Teoria do Esforço, em que se relacionam impulso interno e movimento. Mary Wigman, ao considerar o movimento fonte de análise introspectiva e não simples ilustração da realidade, encontra-se na base de todas as manifestações de renovação da dança. Sua arte possui um aspecto belicoso com movimentação tensa, e jamais conta uma história.

A convivência de Angel Vianna com Rolf Gelewski colaborou muito para que se consolidassem as idéias nascidas em Belo Horizonte. A trajetória de Angel Vianna nos mostra um caminho semelhante, com relação a ideais e buscas, a toda essa corrente da dança alemã representada no Brasil por Gelewski. O desencanto de Angel Vianna com a metodologia usada pela maioria dos professores de balé clássico da sua época e a necessidade de fazer da dança uma atividade criativa para qualquer pessoa aproximaram os Vianna de Gelewski. Por outro lado, por meio da troca de conhecimentos realizada durante essa permanência na Universidade Federal da Bahia, os Vianna obtiveram um grande embasamento teórico, devido à bagagem artística de Gelewski.

Rolf também era adepto, como Angel Vianna, de métodos que visavam ao amadurecimento dos alunos por meio da criação. Seu trabalho com a improvisação na dança procura o desenvolvimento total da personalidade. Propõe três maneiras de dançar – improvisação espontânea, improvisação estruturada e dança elaborada. Angel Vianna desempenhava dupla função na universidade – era professora e bailarina da Companhia da Escola de Dança. Recebeu, então, essa influência duplamente. Ao mesmo tempo, a participação na companhia de Rolf contribuiu para afirmar a eficácia do trabalho realizado em Belo Horizonte, uma vez que Angel Vianna não teve nenhuma dificuldade em dominar a nova linguagem apresentada. Veio então a certeza, como nos conta Angel, de que a linguagem dos Vianna dava margem "para você trabalhar em qualquer lugar e não só em Minas"[13].

Outra técnica apresentada por Rolf aos Vianna foi a de Rosália Chladek. Uma técnica toda baseada em torção, tanto no chão como sentado ou em pé. Eram realizados uma conexão entre cintura pélvica, cintura escapular e, depois, alongamento. Havia uma linha de trabalho que buscava, em primeiro lugar, um estado de neutralidade preparatório e depois movimentos de oposição com as diferentes partes do corpo, sempre em torção.

O período de permanência na Bahia foi de reciclagem e de ampliação de conhecimentos para Angel Vianna. Salvador era, em 1963, um grande centro de música e dança[14]. Até então, sempre vivendo e trabalhando em Belo Horizonte, esteve isolada dos grandes centros de dança não só do Brasil, como do mundo. Nessa cidade teve contato com artistas do calibre de Caribé, Mário Cravo, Gênero Augusto, Tadashi Kaminagai e com o crítico de arte Wilson Rocha, que a apresentou a Pierre Vergé e Pancetti. O encontro com Rolf Gelewski e a participação no Grupo de Dança Contemporânea da Escola de Dança da Universidade Federal da Bahia fizeram que entrasse em contato com técnicas mundialmente consagradas que a levaram a confiar no caminho que havia escolhido. O desejo de criar uma dança em que a expressividade do corpo é ponto importante foi sedimentado e embasado teoricamente com os conhecimentos adquiridos nessa convivência.

Na Bahia, continuaram também os estudos iniciados em Belo Horizonte, aprofundando os conhecimentos de música e anatomia dentro da própria universidade. No que diz respeito à anatomia, foi em Salvador que Angel e Klauss conheceram o dr. Brochado que, segundo ela, tinha o maior museu de esqueletos humanos de todas as idades que ela já havia visto. Com ele, aprenderam "não só sobre anatomia do corpo humano, mas também sobre a paixão do exercício profissional"[15]. Desse modo, puderam conhecer bem a estrutura corporal do ser humano e trabalhar a parte anatômica aliada à dança, um dos suportes da sua Conscientização do Movimento.

Complementou seus conhecimentos também ao entrar em contato com a cultura popular da região. Salvador é uma cidade onde a cultura afro, com todas as suas nuanças, está muito presente. Angel Vianna conheceu mais profundamente, nessa época, o candomblé e a capoeira, duas formas de expressão dessa cultura em que o corpo é muito usado e é o grande responsável por toda a comunicação. Nesse mergulho, Angel Vianna recebeu uma nova contribuição corporal para seu trabalho, pois pôde, por meio das novas técnicas, observar outras maneiras de trabalhar o corpo.

‖ O INÍCIO DO TRABALHO NO RIO DE JANEIRO ‖

Depois de dois anos em Salvador, Angel Vianna, apesar de gostar muito do trabalho na universidade, sentia falta de dar seqüência à pesquisa e à criação coreográfica iniciadas em Belo Horizonte. Na universidade, o trabalho desenvolvido era o de Rolf Gelewski. Quando veio a obrigatoriedade da efetivação da contratação na escola, Angel convenceu Klauss a sair de Salvador com destino ao Rio de Janeiro, cidade que sempre a fascinou.

Influenciados por Marilene Martins, que na época trabalhava no Rio de Janeiro, Angel e Klauss chegaram, em 1965, em busca de um novo campo para desenvolver seu trabalho. Sem família e sem emprego, os dois tiveram um ano bem difícil.

O Rio de Janeiro vivia, em 1965, como o resto do país, um clima de repressão em que a censura calava os artistas. Angel, só depois de algum tempo, conseguiu uma vaga como bailarina na TV Excelsior, no grupo de David Dupret[16], e em seguida na TV Tupi. O reencontro com Lydia Costallat[17], sua amiga desde que vivia em Belo Horizonte, abriu novos caminhos. Angel foi apresentada por Lydia à Tatiana Leskova[18], que, em 1966, contratou-a para lecionar balé clássico em sua escola.

Em 1968, José Renato[19], sabendo que os Vianna estavam no Rio de Janeiro, convidou Klauss para fazer a preparação corporal dos atores e a coreografia de *A ópera dos três vinténs*.

Klauss já trabalhara como ator, em Belo Horizonte, e Angel Vianna já havia feito a coreografia de *O pagador de promessas*, em 1962. Nessa montagem de *A ópera*, Angel participou como bailarina.

Com o balé clássico, auxiliado pela anatomia, cinesiologia e fisiologia, Angel e Klauss começaram um trabalho para atender às necessidades específicas daquele grupo de atores que

A ópera dos três vinténs. Sala Cecília Meirelles/RJ/1967. Osvaldo Loureiro e Marília Pêra. Foto: não identificada/Cedoc/Funarte.

dançaria. O balé clássico, que os dois dominavam, é uma técnica complexa demais para ser assimilada em pouco tempo.

Surgiu, então, a necessidade de um trabalho específico para atores, com o qual pudessem trabalhar tanto a flexibilidade quanto o ritmo, a percepção visual e auditiva, o tato, o contato e a criatividade. A peça, um musical, teve Klauss e Angel trabalhando juntos para fazer que os atores dançassem.

Essa produção, que inaugurou a Sala Cecília Meirelles, no Rio de Janeiro, marcou o início da obra dos Vianna na cidade. Dela participaram profissionais de expressão, como Marília Pêra e Dulcina de Morais. O trabalho de Angel e Klauss não se restringia a coreografar, eles ministravam um pequeno curso em que trabalhavam o espaço, a percepção, a flexibilidade, o ritmo e, principalmente, uma liberdade de movimentos e um vocabulário apropriado a atores. O teatro anterior a essa época se preocupava muito com a fala, com o movimento mais cotidiano. Os resultados desse trabalho incentivaram os atores a pedir sua continuidade.

Tatiana Leskova abriu, então, as portas de seu estúdio e Angel criou a primeira turma para trinta atores, com os quais direcionava o trabalho de criação para a cena, além da preparação física. A improvisação e o vocabulário corporal eram muito trabalhados. Angel considera a expressão corporal inerente ao sujeito; entretanto, a expressão corporal artística envolve a criatividade e a consciência do movimento, e não a simples percepção do corpo. Devido à grande procura pelas aulas, outras três turmas foram criadas, com cerca de cem alunos, em uma aula que se chamou de "expressão corporal". Recebeu esse nome por não poder ser classificada simplesmente como uma aula de dança. Havia diferenças básicas entre esse novo tipo de trabalho e uma aula de dança tradicional.

Nessas aulas de expressão corporal trabalhavam-se as partes ósseas, a musculatura e a percepção da totalidade do "nosso envelope, que é a pele" (grifos nossos) para conseguir a percepção do limite com o espaço externo. A criatividade era estimulada e não havia padrões a serem seguidos: a busca era por uma expressão individual, fruto de uma história de vida e de um corpo único. Os limites de cada um eram respeitados e usados como estímulos criadores.

As peças foram acontecendo, continuamente, tanto para Angel como para Klauss, e o trabalho foi aprimorado. Klauss coreografou nessa época *O arquiteto e o imperador da Assíria*, *Hoje é dia de rock* e *Trágico acidente destronou Tereza*, enquanto Angel se ocupava dos atores de *Somma*, com direção de Amir Haddad (1970), e *A China é azul*, dirigida por Rubens Corrêa (1972).

A China é azul. Teatro Ipanema/ RJ/1972. José Wilker ao centro. Foto: Manchete/Cedoc/Funarte.

Angel e Klauss Vianna começaram a desenvolver seu trabalho em todas as peças que podiam, procurando mudar o esquema utilizado até então. Não apenas a fala era importante, mas também o movimento e sua projeção. Era preciso projetar-se, estar presente. Saber lidar com o corpo tanto de frente como de costas, usando realmente a tridimensionalidade.

A divulgação do trabalho de Angel e Klauss Vianna no Rio de Janeiro fez profissionais como Tereza D'Aquino[20], Paulo Afonso Grisoli[21], Cecília Conde[22] e Glorinha Beuttenmüller[23], além de Ivan Albuquerque[24] e Rubens Corrêa[25], do Teatro Ipanema, se associarem ao casal, exercitando conjuntamente corpo, voz e interpretação. Mais tarde, Paulo Mamede[26], Sérgio Britto[27], Maria Clara Machado[28] e Luiz Carlos Ripper[29] convidaram Angel Vianna para fazer a preparação corporal de suas peças.

Paralelamente à atividade no teatro, as aulas continuavam, tanto de balé clássico como de expressão corporal, no estúdio de Tatiana Leskova, berço do novo trabalho que surgia no Rio de Janeiro. Entidades públicas, como a Funarte[30], contratavam Angel Vianna para dar cursos de expressão corporal.

Os alunos de expressão corporal vinham de vários segmentos da sociedade. Não só atores, mas também bailarinos começaram a procurar as aulas para trabalhar o corpo de outra maneira. Com isso, foi desenvolvido um trabalho em que a criatividade era o centro, mas sempre complementada pela experiência que haviam trazido de Belo Horizonte, como o desdobramento de coluna e o exercício das articulações, acrescido de um trabalho espacial, muita locomoção e muito apoio.

Nessa época, Lola Brickman[31] chegou ao Rio de Janeiro para um congresso com Patrícia Stokoe[32], e foi assistir a uma aula de expressão corporal de Angel Vianna. Ao final da aula, Brickman fez um paralelo entre os métodos de Angel e de Gerda Alexander[33] e se referiu a um curso que Gerda daria na França em julho. Coincidentemente, era a época em que Angel e Klauss viajariam para a Europa e para os Estados Unidos em função do Prêmio Molière, ganho por Klauss por seu trabalho como preparador corporal em teatro, e de uma bolsa de estudos recebida do governo americano.

Nessa viagem, Angel Vianna teve a oportunidade de conhecer os nomes mais importantes da dança mundial. Entrou em contato com Gerda Alexander e descobriu a importância da pele em seu trabalho. Conheceu a técnica de Moshe Feldenkrais, que Gerda considerava um dos maiores *experts* em corpo de todo o mundo. Participou do Festival de Teatro e Dança em Connecticut, onde entrou em contato com Alvin Nikolais e Kate Grant. Em Nova York, conheceu Zena Romet[34], Merce Cunnigham[35] e a técnica de Pilates[36].

Com toda essa bagagem, na volta da viagem, em 1965, devido ao crescimento do número de interessados no trabalho dos Vianna, Angel e Klauss resolveram abrir uma escola própria no Rio de Janeiro. Queriam uma escola aberta a todos, onde a expressão corporal fosse o ponto forte. Na época, o conceito de teatro mudava, o corpo ganhava importância e a repressão política imperava (a palavra era censurada), o que fazia que esse tipo de instituição tivesse muita aceitação. Os Vianna associaram-se à Tereza D'Aquino e fundaram o Centro de Pesquisa Corporal Arte e Educação. O nome foi sugerido por Paulo Afonso Grisoli, por ser abrangente – centro de pesquisa em todas as áreas das artes e do corpo.

O centro tornou-se ponto de encontro de artistas plásticos, bailarinos, técnicos, educadores e, principalmente, de atores, como Eduardo Tolentino e o Grupo Tapa[37], que dirigia. Tanto o diretor como os atores tinham aulas com Angel Vianna. Ao mesmo tempo, profissionais liberais, funcionários públicos, pessoas de vários segmentos da sociedade não ligados à área artística ou educacional também procuravam o centro a fim de trabalhar o corpo. Logo, o local ficou conhecido como o "corredor cultural do Rio de Janeiro". Nesse centro, na Rua Góes Monteiro, 34, em Botafogo, o trabalho de expressão corporal iniciado em 1967 com *A ópera dos três vinténs* foi sedimentado.

Fundada a escola, veio a necessidade de divulgar o trabalho ali realizado. Em 1976, Angel Vianna criou o Teatro do Movimento. Ela, que já havia sofrido a influência do teatro e já tinha uma visão diversificada de corpo, criou um grupo de dança de vanguarda em que não havia nenhuma homogeneidade em termos físicos. Esta era a proposta de Angel Vianna: sua dança não era para pessoas com físicos especiais, e sim para qualquer um que desejasse descobrir a dança que tinha dentro de si. Havia pessoas gordas, magras, altas e baixas; a única exigência era que fossem capazes de criar. Uma idéia era lançada e o movimento surgia do bailarino, por meio da improvisação. As melhores improvisações eram passadas aos coreógrafos que trabalhavam com o grupo. Eles deveriam dar condições aos bailarinos de participar do processo criativo.

Com esse grupo, do qual faziam parte Mariana Muniz, Graciela Figueroa, Mariana Vidal, Regina Waiss, Michel Robin, Jean Paul, Roberto Jovanete e Silvinha Caminada, Angel Vianna iniciou a pesquisa institucionalizada. Financiados pela Funarte, Angel e seu grupo realizaram o estudo "Significado e funções de uma linguagem gestual e sua conotação no campo da dança" (1976-1980). Essa pesquisa tinha um duplo objetivo: estudar o gestual da criança e do adulto habitantes do morro e da cidade, e o gestual das escolas de dança, registrando de que maneira usavam as diferentes partes do corpo em sua dança. Sem importar o tipo de prática, investigavam quais partes do corpo cada escola usava mais. Pernas? Braços? Pernas e braços? A coluna era trabalhada de que maneira? Rígida? Maleável? Para complementar e dar condições de avaliar o que era estudado, além de dar mais segurança ao trabalho, o grupo tinha aulas de música e estética. Dessa pesquisa resultaram três espetáculos de dança: *Mal Ária Ba!*, *Construção* e *Domínio público* (ver abaixo).

Quando o Teatro do Movimento foi dissolvido, dois participantes, Graciela Figueroa e Michel Robin, criaram o Grupo Coringa[38].

Nos capítulos que se seguem falaremos sobre as duas últimas instituições – Escola Angel Vianna, com seus cursos livres e curso técnico, e a Faculdade Angel Vianna.

Cartaz de um dos três espetáculos resultantes da pesquisa. Foto: Cedoc/Funarte.

NOTAS E REFERÊNCIAS BIBLIOGRÁFICAS

1   CASALI, Eleonora. *Memória presente: Klauss Vianna*. Vídeo realizado pela TV Anhembi e pela Secretaria Municipal de Cultura de São Paulo.
2   Amigas da Cultura. Grupo de senhoras lideradas por Anita Uxoa, Ana Amélia Faria, Maria Schreber. Incansáveis defensoras da cultura mineira, patrocinaram o Ballet Klauss Vianna, o Teatro Experimental e todas as iniciativas de real valor cultural de Belo Horizonte à época.
3   Geração Complemento. Grupo de artistas e intelectuais da década de 1950 que buscavam a valorização da produção individual e livre e a desvinculação do conservadorismo vigente. Faziam parte desse grupo nomes como Isaac Karabtchevsky, Maria Lucia Godoy, Jonas Bloch, João Marschner, Jota Dangelo, Carlos Denis Machado, Gyro Siqueira, Mauricio Gomes Leite, Angel e Klauss Vianna, entre outros, liderados por Jacques do Prado Brandão (MACHADO, Lucia Helena Monteiro. *A filha da paciência: na época da Geração Complemento*. Belo Horizonte: BDMG Cultural, 2001.)
4   VIANNA, Angel. Entrevista concedida a Joana Ribeiro em 25 de maio de 1990. Rio de Janeiro.
5   BITTENCOURT, Haydée. Atriz e diretora de teatro. Responsável pela estruturação do curso de formação em teatro do Teatro da Universidade Federal de Minas Gerais. Indicada por Sábato Magaldi, assume a direção do TU em 1961. No período em que dirigiu o TU foi responsável pela encenação de inúmeros textos clássicos. Inseriu a noção de teatro-escola nos moldes ingleses, fazendo do TU um centralizador de discussões em torno de metas do teatro.

6   VIANNA, Angel. Entrevista concedida a Joana Ribeiro em 14 de junho de 1999. Rio de Janeiro.
7   VERCHININA, Nina. Russa de nascimento, foi aluna de Preobajenska (14 anos). Integrou a companhia de Ida Rubinstein, o Ballet Russe de Monte Carlo, no qual Leonid Massine coreografou para ela o 1º ato do balé sinfônico *Les Préssage*. Organizou e dirigiu o Instituto Coreográfico da Universidade Nacional de Cuyo, Mendoza, Argentina (1950). Veio para o Brasil a convite de Caribé da Rocha. Montou balés para o Corpo de Baile do Teatro Municipal do Rio de Janeiro durante a gestão de Tatiana Leskova. Criou sua companhia e, em 1959, abriu sua escola. Sua técnica, com fortes raízes no balé clássico, trabalha a ligação de tronco, pernas e braços na busca de uma linha perfeita. Pretende alcançar o máximo de dramaticidade e força de expressão por meio da distorção dos corpos.
8   VIANNA, Angel. Entrevista concedida à autora em 4 de maio de 2002. Rio de Janeiro.
9   *Battement tendu.* Exercício de barra de balé clássico. É o 3º exercício da barra clássica, composta, geralmente, por dez exercícios.
10 DEGOIS, August. Pintor, desenhista, tapeceiro e cenógrafo, esse mineiro nascido em Belo Horizonte, em 1930, estudou na Escola Guignard (Belo Horizonte), onde foi aluno de Edith Behring e Guignard. Estudou cenografia com João Ceschiatti e Klauss Vianna. Possui obras nos seguintes acervos públicos: MAP e Centro Cultural UFMG.
11 MONTEIRO, Ausonia Bernardes. *O trabalho com o corpo: uma experiência de expressão corporal*. 1996. Dissertação (Mestrado em Educação Musical). Conservatório Brasileiro de Música, Rio de Janeiro.
12 *Ibidem*, p. 29.

13 VIANNA, Angel. Entrevista à autora em 4 de maio de 2002. Rio de Janeiro.
14 FREIRE, Ana Vitória. *Angel Vianna: uma biografia da dança contemporânea*. 2004. Dissertação (Mestrado em Educação Física). Universidade Gama Filho, Rio de Janeiro, p. 44.
15 *Ibidem*, p. 45.
16 DUPRET, David. Primeiro bailarino do Teatro Municipal do Rio de Janeiro nas décadas de 1950 e 1960.
17 COSTALLAT, Lydia. Diretora da Escola Estadual de Danças Maria Olenewa de 1965 a 1983.
18 LESKOVA, Tatiana. Francesa naturalizada brasileira, filha de pais russos. Integrante do Original Ballet Russo, bailarina e diretora do Ballet do Teatro Municipal do Rio de Janeiro.
19 RENATO, José. Criador do Arena, 1953, à época recém-saído da Escola de Arte Dramática, na intenção de abrir caminhos para os iniciantes na carreira teatral. A seu lado trabalharam Guarnieri e Oduvaldo Vianna Filho, o Vianninha, filhos de militantes esquerdistas. Logo chegaria o diretor Augusto Boal, que trazia experiência dos palcos nova-iorquinos.
20 D'AQUINO, Tereza. Bailarina do corpo de baile do Teatro Municipal do Rio de Janeiro, professora de expressão corporal da Escola de Teatro Martins Penna e do Curso de Licenciatura Plena em Dança, da UniverCidade, e sócia de Angel Vianna desde 1975.
21 GRISOLI, Paulo Afonso. Diretor e autor. Um dos pioneiros da revolução cênica que transformam o teatro brasileiro no fim da década de 1960, e na de 1970 cria o Grupo A Comunidade, que funde palco e platéia.
22 CONDE, Cecília Fernandez. Compositora e diretora musical. Realizou trabalhos de "ambientação musical" com os principais grupos cariocas dos anos 1970, especialmente o Teatro Ipanema,

que fazem parte de um conjunto de inovações cênicas que forjaram a estética praticada nas encenações teatrais do período.

23 BEUTTENMÜLLER, Glorinha. Fonoaudióloga, criadora do Método Espaço-Direcional para a recuperação de problemas de voz e fala por meio de pesquisa com deficientes visuais e seus problemas.

24 ALBUQUERQUE, Ivan de Campos. Diretor e ator. Reconhecido na década de 1960 pela elaboração e detalhamento de sua encenação e consagrado na década de 1970 com espetáculos em que aliava o acabamento elaborado a uma estética experimental. Inicia sua atividade no Tablado e forma-se em direção na Fundação Brasileira de Teatro, em 1958, ao lado de Rubens Corrêa, Yan Michalski e Claudio Corrêa e Castro. Associa-se a Rubens Corrêa, com quem trabalha por mais de trinta anos, fundando o Teatro do Rio e o Teatro Ipanema. Em 1968, o Teatro Ipanema abre para o diretor novas perspectivas no caminho da investigação de linguagem. Um passo radical em busca de uma forma inovadora, provocante e poética de espetáculo é dado com um texto estrangeiro, "O arquiteto e o imperador da Assíria", de Fernando Arrabal, em 1970, cuja encenação comportava um grau de transgressão inédito na trajetória do diretor e no desempenho dos dois intérpretes, Rubens Corrêa e José Wilker. Segundo o crítico Yan Michalski: "Um dos mais completos encenadores brasileiros".

25 CORRÊA, Rubens Alves. Ator e diretor. Sua interpretação traz elementos peculiares aos princípios enunciados por Antonin Artaud, privilegiando personagens de alta densidade dramática, fora das convenções realistas ou das comédias ligeiras. Rubens Corrêa constrói o Teatro Ipanema em que, tendo Ivan de Albuquerque como parceiro e sócio, desempenha a maior parte dos papéis de sua carreira e procura refletir sobre as questões da

arte e da sociedade contemporâneas. (ALBUQUERQUE, Johana. Rubens Corrêa. In: _____. *Enciclopédia do teatro brasileiro contemporâneo*. São Paulo: s.n. 2000. Material elaborado em projeto de pesquisa para a Fundação Vitae. Ficha curricular.)

26 MAMEDE, Paulo. Diretor de teatro e proprietário do Teatro dos Quatro, no Rio de Janeiro.

27 BRITTO, Sérgio. Médico, formado em 1948, fez sua estréia como ator, em 1945, no Teatro Universitário. Em 1949, fundou com Sérgio Cardoso o Teatro dos Doze, integrou a Cia. Madalena Nicol - Ruggero Jacobbi, o Teatro de Arena, o Teatro Maria Della Costa e o TBC. É notória sua carreira na televisão, iniciada em 1956, quando integrou o elenco do Grande Teatro Tupi. Foi um dos fundadores do Teatro dos Sete (com Fernanda Montenegro, Ítalo Rossi, Fernando Torres e Gianni Ratto) e do Teatro dos Quatro, com Paulo Mamede e Mimina Roveda, no Rio. Um de seus últimos trabalhos foi *De Getúlio a Getúlio – O musical*, que dirigiu e no qual atuou. Ganhou em 1983 o Prêmio Mambembe na categoria especial, pelo espetáculo *Rei Lear*, com direção de Celso Nunes, em comemoração aos seus 60 anos de vida.

28 MACHADO, Maria Clara. Autora de clássicos do teatro infantil brasileiro, ficou famosa também como diretora e formadora de novos talentos em sua escola de teatro O Tablado, no Rio de Janeiro.

29 RIPPER, Luiz Carlos Mendes. Cenógrafo, figurinista, diretor e iluminador. Deu nova dimensão ao tratamento cenográfico nas encenações dos principais grupos cariocas dos anos 1970, refletindo as expectativas inovadoras propostas por seus integrantes.

30 FUNARTE (Fundação Nacional de Arte). Apoio financeiro ao projeto de pesquisa "Significado e funções de uma linguagem gestual e sua conotação no campo da dança".

31 BRICKMAN, Lola. Argentina, professora de expressão corporal.
32 STOKOE, Patrícia. Bailarina, coreógrafa e educadora argentina, com formação em dança clássica, dança folclórica e dança moderna com Rudolf Von Laban. Em 1980, introduziu a expressão corporal na Escola Nacional de Danças, criando o Professorado Nacional de Expressão Corporal.
33 ALEXANDER, Gerda. Musicista e professora de rítmica, inicia nos anos 1930 uma pesquisa sobre o movimento natural do ser humano. Acredita numa pedagogia do movimento baseada nos sentidos e nomeia seu trabalho de "Eutonia". Funda, em 1940, na Dinamarca, uma Escola Internacional de Eutonia.
34 ROMET, Zena. Criadora de um trabalho de correção muscular, Nova York, 1974.
35 CUNNIGHAM, Merce. Nascido em Washington, é conhecido como um dos revolucionários da dança contemporânea do último século. Criador de um padrão de movimento complexo, é famoso pelo método que leva seu nome e exige dos bailarinos precisão e total domínio do processo criativo da dança. É considerado o Andy Warhol da dança.
36 Pilates. Sistema de exercícios não aeróbicos, desenvolvido por Joseph Pilates (1880-1967). Proporciona melhor condicionamento físico e aumento da força corporal por meio do isolamento de grupos musculares.
37 Grupo Tapa. Grupo de teatro dirigido por Eduardo Tolentino, nascido no Rio de Janeiro e radicado em São Paulo desde 1986.
38 Grupo Coringa. Começou como um grupo de dança/teatro, nos anos 1970, reunindo pessoas de diferentes formações, de 20 a 30 anos. Em matéria de corpo, muitos foram alunos de Angel Vianna, outros de Gerry Maretsky. Outros fizeram kempô com o Joo, ou foram discípulos de Rolf Gelewsky.

3 ‖ A Escola e a Faculdade Angel Vianna

‖ A ESCOLA ANGEL VIANNA ‖

Desde a sua criação, em 1983, na época com o nome de Espaço Novo – Centro de Estudo do Movimento e Artes, a Escola Angel Vianna desenvolve um trabalho pedagógico em duas frentes. A primeira, de caráter oficial, é o curso técnico, com as habilitações em Formação de Bailarino e em Recuperação Motora Através da Dança. A segunda, os cursos livres, tem por objetivo dar maior conhecimento corporal e desenvolver a criatividade dos alunos.

O objetivo da Escola Angel Vianna é ministrar o ensino de dança nas suas várias modalidades, sempre com ênfase na expressão corporal e na atuação cênica, visando a um resultado que seja produto da criação de cada aluno. Um estudo das funções orgânicas de diferentes partes do corpo complementa esse trabalho, o que torna o conhecimento de dança mais claro no que diz respeito à movimentação corporal. A Escola Angel Vianna procura incentivar as pesquisas na área de corpo e difundir trabalhos artísticos, por meio do intercâmbio com instituições artísticas, culturais e educacionais, dentro e fora do país.

A metodologia utilizada nos cursos da Escola reflete os princípios filosóficos adotados por Angel Vianna de não impor padrões preconcebidos, mas sim sugerir estímulos concretos que levem o aluno a adquirir o domínio do próprio aprendizado. Na verdade, essa linha de trabalho faz de quem dela participa seu próprio mestre.

Curso técnico

O curso técnico da Escola Angel Vianna teve sua origem, como vimos anteriormente, com a turma de quarenta alunos do Centro de Pesquisa Corporal Arte e Educação, em Botafogo, que buscavam uma formação profissional na área de expressão corporal. Incentivada pelo pedido desses alunos, Angel Vianna empenhou-se com a Secretaria de Educação do Estado do Rio de Janeiro a fim de obter autorização para criar um curso oficial de expressão corporal. Na época, esta não era considerada uma disciplina e, por isso, não poderia haver um curso de formação nessa área. Como sua origem era a dança, Angel Vianna optou, então, por um curso de formação de bailarino com ênfase na expressão corporal. Desde o primeiro momento, tal curso atendia plenamente às necessidades dos atores. Como já mencionamos, as então chamadas aulas de expressão corporal são originárias e se desenvolveram com base nos princípios que nortearam o trabalho com a primeira turma, formada pelos atores que participaram da montagem de *A ópera dos três vinténs* e desejaram continuar o trabalho ali iniciado.

O currículo inicial foi montado com base nos conhecimentos teóricos responsáveis pela própria formação de Angel Vianna. Todas as técnicas que a ajudaram a estruturar seu trabalho foram cuidadosa e rigorosamente inclusas. Desde então, a Escola Angel Vianna trabalha com professores altamente qualificados, em permanente processo de reciclagem, e seus objetivos de formação profissional são:

- desenvolver os sentidos, a percepção, a motricidade e a integração das áreas física, psíquica e social de cada indivíduo;
- criar e projetar uma atitude consciente e sensível de si mesmo e dos outros;
- sistematizar a capacidade de perceber o mundo circundante estabelecendo vínculos entre este, a dança e os outros saberes corporais;
- desenvolver interesses nas áreas de educação, arte, ciência e cultura em geral.

Apesar de preparar técnicos especializados em recuperação motora, capazes de desenvolver ações educativas em centros de excelência em recuperação de deficientes físicos, como a Rede Sara Kubistchek e a Funlar (Lar Escola Francisco de Paula), essa habilitação não será alvo do livro. Nós nos deteremos ao curso de formação de bailarino que, mais que o título faz supor, é para nós um excelente centro de formação corporal para atores.

PERFIL DOS ALUNOS QUE PROCURAM O CURSO

Desde as primeiras turmas de expressão corporal, ainda no estúdio de Tatiana Leskova, o público atraído por esse tipo de trabalho é o mais variado possível. Com exceção dos primeiros alunos, atores da peça *A ópera dos três vinténs*, os que vieram depois eram pessoas das mais diversas profissões e idades. A grande maioria, entretanto, sempre foram atores, atrizes e bailarinos, o que fez o trabalho de Angel Vianna ser direcionado para o atendimento das demandas desses segmentos. Com a criação do curso técnico, esse público vislumbrou não só a possibilidade de um trabalho nessa área, como um aprimoramento pessoal em sua profissão.

Um levantamento do perfil dos candidatos ao curso técnico, tomando como fonte as fichas de inscrição do curso de 1997 a 2003, revela profissionais das seguintes áreas: teatro, dança, psicologia, jornalismo, cinema e comunicação, educação física, hatha ioga, telemarketing, biblioteconomia, biologia, medicina, produção teatral, história, psicomotricidade, artes plásticas, circo, fonoaudiologia, magistério, análise de sistemas, comércio e massoterapia.

Os candidatos ligados à área de teatro (atores, atrizes e estudantes de teatro) eram 51% em 1997; 49,3% em 1998; 35% em 1999; 20,68% em 2000; 26,66% em 2001; 33,33% em 2002 e 16,66% em 2003.

O público-alvo, segundo documentos oficiais do curso, é constituído de bailarinos, coreógrafos, pesquisadores do movimento corporal, terapeutas, profissionais da recuperação motora e psicomotora, educadores especiais, professores de dança e de consciência corporal, atores e artistas em geral. Na realidade, a grande concentração está nas áreas de dança e teatro.

No que se refere à idade dos candidatos, durante quase todo o tempo em que a escola existe, segundo registros oficiais da secretaria da escola, a maioria tem sido de adultos. O curso de dança contemporânea[1] requer maturidade. Depois de algum tempo em que os jovens foram os principais interessados, a procura volta a ser majoritariamente de pessoas mais velhas. O requisito básico é que o candidato esteja ao menos cursando o ensino médio. Os registros oficiais mostram que raramente alunos mais novos terminam o curso no tempo previsto. Angel salienta que é notável a mudança que ocorre nos alunos ao longo de sua permanência na escola.

PROCESSO SELETIVO DE INGRESSO

A admissão[2] é feita por meio de uma prova prática e por uma entrevista, em que os candidatos são avaliados por uma banca composta de três a cinco professores da escola, escolhidos pela própria Angel Vianna.

Após as entrevistas individuais com a banca, os candidatos passam por um processo de avaliação prática, cujo objetivo é conhecer a pessoa, avaliar se ela tem ou não condições de acompanhar o curso e observar a sua coordenação motora. Nessa etapa constam aquecimento e aula técnica com abordagem mais ligada à dança moderna, com barra, centro, terminando com diagonais. Em seguida, há uma parte criativa em que é proposto um jogo em que o candidato tem um tempo para compor uma pequena frase corporal.

Para a admissão, não é preciso conhecer nenhuma técnica de dança. O que se pretende é conhecer o grupo, já que os candidatos são de várias faixas etárias, atividades profissionais, formações etc. Os considerados inaptos, por precisarem de trabalho inicial mais lento, são direcionados para um curso de nível mais elementar. No início da Escola Angel Vianna, os candidatos considerados inaptos eram encaminhados para o curso pré-profissionalizante, organizado com a finalidade de fazer os alunos conhecerem alguns elementos de cada uma das disciplinas de dança do curso técnico. Com sua extinção, criou-se o básico de dança, um curso livre não exatamente com o mesmo fim do pré-profissionalizante, mas que também atendia à preparação para o curso técnico. Hoje, um candidato que precise de mais embasamento para fazer aulas é encaminhado a um curso livre que supra sua necessidade específica.

OBJETIVO DO CURSO E MATRIZ CURRICULAR

O curso técnico foi criado após a Deliberação 73/80 do Conselho Estadual de Educação[3], que autorizava os chamados cursos de qualificação profissional. Esses cursos poderiam ser dados em escolas e em academias, clubes etc. O objetivo era formar técnicos que, já com o ensino médio concluído, precisassem de uma profissionalização. Com a Lei 9.394 de Diretrizes e Bases da Educação Nacional, os cursos então denominados de qualificação profissional passaram a ser considerados cursos livres, sem exigência de escolaridade nem registro nas secretarias estadual ou municipal. A Deliberação 254/00 permitia aos antigos cursos de qualificação adequar-se à nova lei. Estes passaram a ser técnicos e foram divididos por áreas. Inicialmente, eram ligados ao ensino supletivo e hoje estão ligados ao ensino profissional.

Na área de artes, o curso técnico que exigia 1.200 horas transformou-se em um curso de artes com oitocentas horas mínimas, carga horária que, segundo Valéria Peixoto (secretária da escola), era considerada insuficiente pela equipe de professores para a formação de um bailarino de qualidade. Por isso, Angel

Vianna montou seu curso técnico com praticamente o dobro da carga horária exigida pela Secretaria de Educação. Atualmente, são 1.520 horas, mais quatrocentas de estágio e um semestre, com um mínimo de quatro e um máximo de seis meses de prática de montagem.

No currículo constam as seguintes disciplinas: balé clássico (desenvolvido em interligação com a técnica teatral e a música), dança contemporânea (Laban), expressão corporal (Conscientização do Movimento), anatomia/fisiologia, técnica teatral (laboratórios de improvisação e sensibilização), dança moderna (soltura articular e força muscular), música (trabalho prático, incluindo solfejo e canto coral, instrumentos simples de percussão e regência), história da dança, cinesiologia e composição coreográfica.

Cursos livres

Certa de que a pesquisa corporal é o único meio de conhecimento do corpo, Angel Vianna mantém até hoje os cursos livres, apesar da abertura do curso técnico com nível de 2º grau e da Faculdade Angel Vianna. Sua pluralidade mostra a importância que a direção dá a novos trabalhos na área do corpo, sempre priorizando técnicas que levem a um maior conhecimento e domínio corporal.

O público-alvo abrange todos aqueles que querem, de alguma maneira, trabalhar o corpo. Sendo assim, atinge todo tipo de público, mas tem nos atores e bailarinos seus maiores freqüentadores. Com a abertura do curso técnico e a extinção do curso pré-profissionalizante, os cursos livres passaram a ser utilizados também para suprir determinadas deficiências dos candidatos aos cursos oficiais. Aqueles considerados ainda inaptos a ingressar no curso técnico, por precisarem de aprimoramento em determinada área, são direcionados para esses cursos livres de acordo com suas necessidades.

Com a abertura do Centro de Pesquisa Corporal Arte e Educação, esses cursos começaram a se expandir apoiados na parceria que Angel e Klauss estabeleceram com Tereza D'Aquino. Nesse centro, Angel, Klauss, Tereza e Rainer Vianna, filho do casal, davam cursos de acordo com suas pesquisas do momento. Klauss se dividia entre uma aula de balé clássico nada tradicional, em que procurava acabar com a rigidez exagerada dos bailarinos clássicos da época, tornando seus corpos mais flexíveis, e a expressão corporal. Angel ficou com a expressão corporal, que já havia iniciado no estúdio de Tatiana Leskova; Tereza, com o balé clássico; e Reiner, com o que ele chamava de dança livre, uma aula com um trabalho corporal inicial seguido por outro, em que procurava desenvolver a criatividade e a improvisação, tudo ao som do atabaque, que ele mesmo tocava.

Os alunos egressos do curso técnico, originários das aulas de expressão corporal de Angel Vianna, encontravam nos cursos livres a possibilidade de pesquisa na área de corpo. Era o espaço ideal para desenvolver trabalhos iniciados anteriormente. Da mesma forma, os professores que tinham suas pesquisas próprias usavam esses mesmos cursos livres para dar continuidade a elas.

Tais cursos são usados ainda como meio de reciclagem de alunos e professores, uma vez que é norma da direção da escola promover e estimular *workshops*, palestras e encontros para esse fim.

Muitas vezes, os cursos livres são um estímulo para o ingresso no curso técnico ou na faculdade. Pessoas que não conhecem o trabalho começam a freqüentá-los sem maiores pretensões e se envolvem tanto com o que realizam ali que optam por um curso regular.

Apesar de direcionados para qualquer tipo de público, são os atores os que mais procuram essas aulas, valendo registrar uma declaração da própria Angel Vianna a respeito do seu trabalho com esses profissionais:

> Como trabalho com eles? Primeiro, é uma necessidade de despertar a percepção dos sentidos, principalmente a parte visual, porque, se você desperta o olhar, ele fica automaticamente mais presente. Toda a musculatura trabalha com as emoções, como dizia Reich. O ator é um ser muito emocional, então precisa desenvolver um conhecimento para saber se distanciar dessas emoções e trabalhar com os sentidos, com os espaços de fora, de dentro, com a localização no palco, com a projeção do corpo, trabalhar a totalidade, as direções. O ator precisa sensibilizar suas articulações. Ele precisa de movimento. São três coisas importantes para sua parte postural: primeiro, os ossos, conhecê-los e saber como usá-los, aprender a se mover com mais facilidade; segundo, a visão, que dá a percepção espacial; terceiro, a pele, que é o seu envelope, que dá a percepção da tridimensionalidade. Com isso, com essa dimensão, o ator projeta mais sua totalidade, seu volume, todo seu ser está ali naquele momento.[4]

Nos dezenove anos de existência, muitos cursos livres aconteceram na escola, uma vez que esse espaço sempre acolheu profissionais das áreas de dança e terapia corporal que buscavam espaço para desenvolver seus trabalhos.

Os cursos são, na sua maioria, ministrados por ex-alunos ou professores da escola, o que confere a eles a mesma unidade encontrada no curso técnico e na faculdade, no que diz respeito ao uso da Conscientização do Movimento como foco do trabalho corporal.

Angel Vianna, educadora que é, usa nos cursos livres as mesmas ferramentas que nos cursos oficiais: a observação, o conhecimento do corpo e o despertar da criatividade.

No ano de 2003, a escola ofereceu os seguintes cursos livres: Conscientização do Movimento, alongamento, vários tipos de dança – contemporânea, do ventre, balé clássico e afro, mímica corporal dramática (Etienne Decroux), expressão vocal, zen-shiatsu, capoeira Angola, técnica de Alexander, fisioball e técnica de Bartenieff.

Observando as ementas[5] dos vários cursos livres oferecidos pela Escola Angel Vianna, podemos perceber que a conscientização corporal aparece em quase todas. A pluralidade dos cursos também demonstra a abrangência desse trabalho corporal. Essa é também a prova concreta da existência de um espaço aberto a todas as técnicas e pesquisas na área de corpo. A Escola Angel Vianna é um ponto de referência para quem trabalha na área e para outros segmentos da sociedade que buscam um conhecimento corporal maior. Tal constatação advém das técnicas corporais já consagradas, ministradas juntamente com a Conscientização do Movimento, como Baterneiff, técnica de Alexander, mímica corporal, Laban, zen-shiatsu, capoeira e fisioball, e dos trabalhos individuais de pesquisa na área de corpo, como alongamento tônico e alimentação contemporânea. Paralelamente, aparece expressão vocal como um curso livre completando a abordagem corporal. A ligação com o curso oficial de formação de bailarino aparece na medida em que os professores dos cursos livres foram ou são ex-alunos ou professores do curso técnico.

O conteúdo dos cursos livres se assemelha às disciplinas do curso técnico, o que os torna também importantes para a formação corporal dos atores. Profissionais que por alguma razão não queiram ou não possam fazer um curso regular têm nesses cursos livres um importante aliado na formação corporal.

Os cursos livres, assim como o curso técnico, promovem uma mudança de comportamento e no modo de encarar a vida que é sentida por todos. Depoimentos de alunos mostram que eles consideram a Escola Angel Vianna não só um centro em que adquirem conhecimentos relativos ao corpo e às suas potencialidades, como também uma escola capaz de, ante o trabalho ali realizado, dar-lhes uma qualidade de vida melhor.

Regina Ferreira é um desses casos. Assistente social com especialização em Serviço Social Psiquiátrico, teve o primeiro contato com a escola por indicação de seu analista. Muito ligada a atividades corporais, como ioga, dança de salão e hidroginástica, ela nos conta que o trabalho de Conscientização do Movimento, iniciado em 1990 com Angel Vianna, fez que tivesse uma nova visão de vida. Ela relata que aprendeu a conhecer seus limites e a ter uma vida criativa após o ingresso no curso livre de Conscientização do Movimento. "Como não há uma turma específica para a terceira idade", relata Regina, "a pessoa vai aprendendo a conhecer os seus limites e usar a criatividade para não se deixar abater por eles. É uma coisa maravilhosa". As consignações dadas, "Cada um como quiser", "Nunca façam da mesma maneira", se incorporaram de tal modo ao seu corpo que passaram a fazer parte do seu cotidiano, e "você passa a fazer as coisas sempre de uma maneira diferente"[6]. Além do conhecimento do corpo no que diz respeito a músculos, articulações, alavancas e limitações, Regina nos diz que consegue reconhecer quando sua hipertensão se manifesta, graças ao aumento da percepção em relação ao corpo. Diz que consegue também apreciar melhor uma peça de teatro e, agora que trabalha com esculturas em terracota e argila, é capaz de ligar o trabalho corporal a todas as artes.

Olavo Falabela, engenheiro e poeta, com sério comprometimento motor causado por falta de oxigenação durante o parto, aluno do curso livre desde 1982 e hoje participante de um grupo de dança, nos diz como descobriu a escola. Assistindo a uma entrevista na TVE com o psicanalista Eduardo Mascarenhas, soube que determinados pacientes só teriam uma ajuda eficaz da psicanálise se fizessem paralelamente um trabalho corporal. Como ele estava no final do tratamento terapêutico com psicanalista, resolveu procurar um trabalho corporal complementar. Hoje, considera Angel Vianna um marco na sua vida. "Eu não sei o que seria hoje se Angel não tivesse passado na minha vida."[7] Em decorrência da sua deficiência, Olavo, durante um período da sua vida, se desenhava só com cabeça, sem corpo. À medida que o trabalho foi acontecendo, Olavo já conseguia se retratar por inteiro. "Passei a usar o corpo em função dos meus próprios desejos, tive condição de dar um ritmo que eu não tinha"[8], ele nos conta em seu depoimento. Considera Angel Vianna uma educadora que ensina fazendo cada um procurar o próprio caminho. O reconhecimento do corpo fez Olavo se aproximar do corpo do outro. Apesar de considerar o trabalho assustador, acrescenta que "é a própria vida que se faz presente"[9]. Sobre a experiência de dançar em um palco, conta-nos que foi por meio da dança que descobriu que todos dependemos uns dos outros, um depende da atuação do outro, e, assim, pôde ser olhado não como um deficiente, mas como mais uma pessoa que dançava. "Eu preciso de ajuda, mas também posso dar ajuda."[10] Para Olavo, a convivência na dança é uma coisa que não tem preço, e a consciência corporal que adquiriu com esse trabalho lhe deu condições de lidar com sua deficiência de forma tranqüila.

Teresinha Belmonte, médica com especialidade em psicanálise, como toda menina de sua geração, teve a dança como parte da educação, mas logo a abandonou devido aos compromissos de formação profissional. Conheceu Angel Vianna por intermédio do primo de um amigo que havia vivenciado esse trabalho no período de 1983 a 1989, e viveu a questão da dança contemporânea aliada a uma grande experiência de vida. Da sua turma faziam parte pessoas das mais variadas profissões e histórias – surdos-mudos, paraplégicos e pessoas com outros comprometimentos físicos. Aprendeu a conviver com as diferenças e encontrar a beleza em todas as pessoas. Essa vivência a ajudou a escrever sua dissertação de mestrado, *Emagrecer não é só dieta*, principalmente o capítulo referente à imagem corporal, cuja literatura, na época, não era muito rica.

Ângela Pecego, produtora teatral com cursos de teatro em São Paulo e no Rio de Janeiro (CAL), diz-se muito ligada ao trabalho realizado na Escola Angel Vianna, desde antes de freqüentá-la. Como resultado do trabalho que realiza, aponta o estabelecimento de conexões mais sensíveis com as pessoas com quem deseja estar. "Você começa a trabalhar com uma energia específica e essa energia é propulsora"[11], disse-nos Ângela em entrevista. E revela outro fato interessante: moradora do bairro de Laranjeiras, quis freqüentar a escola há algum tempo, mas achava longe. Hoje, vai a pé e não se incomoda com a distância. "Isto é porque eu estou me encontrando, está no caminho de casa, e o caminho de casa é pequeno."[12] Especificamente sobre o trabalho corporal realizado na Escola Angel Vianna, Ângela diz: "Você trabalha a *anima*"[13].

Regina Gutman, atriz, liga toda a sua vida profissional à família Vianna. Em 1971, em um curso de teatro dirigido por Sérgio Britto, teve "Klauss Vianna como sinalizador de que a gente tem um corpo"[14]. Daí em diante, sua carreira foi acompanhada pelos três – Klauss, Reiner e Angel. Com esse histórico, não houve um momento em seu trabalho em que não conhecesse o trabalho corporal de Angel Vianna. Ela nos conta que quando é obrigada a viajar sente que "endurece em todos os sentidos"[15]. Usando uma expressão da mestra, de que nada substitui o toque, Regina diz que, "em matéria de corpo, nada substitui Angel"[16].

Isis Baião, jornalista e autora teatral, que tem no teatro sua paixão e seu destino, considera o trabalho dos Vianna um divisor de águas. "Existe um corpo do ator antes de Angel e Klauss e um corpo do ator depois de Klauss e Angel."[17]

Essa linha de trabalho corporal, sustentada sobre a idéia de que cada um deve descobrir o próprio caminho, que não existem imposições nem padrões a seguir, aparece como facilitadora de descobertas. Angel é capaz de levar os alunos a desenvolver qualidades que, para ela, são necessárias ao desenvolvimento não só do ator, mas do ser humano.

A Conscientização do Movimento, ao encorajar essa liberdade de expressão física por meio de um movimento espontâneo e, ao mesmo tempo, consciente, aproxima-se de Viola Spolin[18], que considera que "o relacionamento físico e sensorial com a forma de arte abre as portas para o *insight*. Esse relacionamento mantém o ator no mundo da percepção – um ser aberto em relação ao mundo à sua volta"[19].

O aumento da capacidade de sentir e perceber, resultante do trabalho de Angel Vianna, relatado em todos os depoimentos apresentados, tem, na teoria de Fayga Ostrower, uma defensora. Ostrower considera a percepção como

> elaboração mental das sensações, delimita o que somos capazes de sentir e compreender, corresponde a uma ordenação sensitiva dos estímulos e cria uma barreira entre o que percebemos e não percebemos. Articula o mundo que nos atinge, o mundo que chegamos a conhecer e dentro do qual nós nos conhecemos. Articula o nosso ser dentro do não ser.[20]

Na Escola Angel Vianna é trabalhado, como disse Ângela Pecego, "o sopro da vida"[21]. Sendo assim, podemos dizer que o trabalho ali realizado se aproxima também dos princípios nos quais a pedagogia de Dewey[22] se fundamenta, especialmente na parte referente ao que é a escola. Dewey considera o processo escolar "um processo de vida e não uma preparação para uma vida futura"[23].

Toda a formação com ênfase no indivíduo sem perder o coletivo aproxima Angel Vianna também de Paulo Freire, para quem o homem é um ser de relações.

> O homem está no mundo e com o mundo. Se apenas estivesse no mundo não haveria transcendência nem objetivaria a si mesmo. Mas como pode objetivar-se pode também distinguir um eu e um não-eu. Isso o torna um ser capaz de relacionar-se; de sair de si; de projetar-se nos outros; de transcender. Pode distinguir órbitas existenciais distintas de si mesmo. Essas relações não se dão apenas com os outros, mas se dão no mundo, com o mundo e pelo mundo.[24]

O fato de o trabalho corporal realizado pela coreógrafa-pedagoga ser muito voltado para o autoconhecimento não o torna alheio à exterioridade. O conhecimento que se absorve na Escola Angel Vianna inclui não só o do corpo, mas, também, o da posição desse corpo no mundo, recebendo e se relacionando com ele, uma vez que o relacionamento e o espaço são bastante trabalhados nos Jogos Corporais.

Em se tratando de atores, não podemos dizer que o simples fato de alguém ter consciência de sua capacidade corporal não o transforma em um artista. Mas é certo que, sem descobrir

> seus pontos de tensão e obstrução à livre fruição de sua energia, o ator nunca poderá ter acesso pleno a todo o seu potencial expressivo. Por outro lado, se apenas se detiver nesta auto-análise, sem ampliar seus limites, por vezes extrapolá-los, e construir em seu corpo uma nova estrutura de significação, ele será com certeza um indivíduo mais feliz, porém um mero observador da natureza, não um seu (re)criador.[25]

Por tudo que foi exposto, o curso técnico na habilitação de bailarinos se apresenta como um curso que dá complemento de excelência à formação de ator. Passemos agora a analisar o curso da Faculdade Angel Vianna.

A FACULDADE ANGEL VIANNA

Autorizada a funcionar pela Portaria Ministerial 1.647/2000-MEC, fundamentada no Parecer 2.068/2000, de 7 de novembro de 2000, homologado pelo Ministro de Estado da Educação, em 26 de dezembro de 2000, consoante o disposto na Portaria

Ministerial 2.068/2000, a Faculdade Angel Vianna iniciou suas atividades em janeiro de 2001. O trabalho pedagógico realizado por Angel Vianna nos cursos livres e no curso técnico foi, desse modo, ampliado e legitimado institucionalmente.

A Faculdade Angel Vianna aparece no cenário artístico e cultural do país como mais um ponto de excelência na formação em dança. Com suas duas habilitações, Formação Docente e Formação de Bailarino, Angel realiza, no terceiro grau, o trabalho já consagrado em nível de segundo grau, que tem ajudado a formar muitos atores e bailarinos há vários anos.

O curso está estruturado em períodos, sendo seis para o Bacharelado (formação de bailarino) e sete para Licenciatura Plena em Dança (formação de docente), em dois turnos, tarde e noite. Os quatro primeiros semestres são básicos para as duas habilitações. A partir do quinto período, há uma divisão em relação às disciplinas a serem cursadas, uma vez que existem matérias específicas para cada uma das habilitações. No momento, só a habilitação em Licenciatura em Dança está em funcionamento, pois os alunos não optaram pelo Bacharelado[26].

Perfil do aluno

O aluno que procura a Faculdade Angel Vianna[27] vem, basicamente, de quatro segmentos específicos:

1   Ex-alunos do curso técnico – na maioria, atores, bailarinos, ou professores do próprio curso técnico. São pessoas já familiarizadas com a linguagem da consciência corporal e da dança contemporânea. Na faculdade, pretendem aprofundar esses conhecimentos.

2   Atores e atrizes que, por conhecerem o trabalho corporal de Angel Vianna, buscam um aprimoramento corporal necessário à profissão de ator.
3   Alunos transferidos de outros cursos de Licenciatura em Dança.
4   Profissionais de dança.

A grande maioria dos alunos, entretanto, pertence aos grupos 1 e 2 citados acima.

Ao realizarmos um levantamento dos alunos matriculados na Faculdade Angel Vianna, em 21 de julho de 2003, verificamos que, do total, 47,92% são de ex-alunos da Escola Angel Vianna; 14,58%, de atores ou atrizes; 5,21%, de alunos transferidos da UniverCidade; 31,25% de pessoas ligadas a algum tipo de dança, e 1,04% não deu qualquer indicação a esse respeito.

Processo seletivo

O processo seletivo acontece em duas fases. Na primeira, há um Teste de Habilidade Específica, de caráter eliminatório. Na segunda fase, os aprovados fazem uma prova escrita para testar seu conhecimento em todas as matérias do núcleo comum e obrigatório do ensino médio.

A classificação dos candidatos é feita tomando-se o resultado da média aritmética das oito matérias da prova escrita, em ordem decrescente a partir da maior, até o total preenchimento das vagas ofertadas.

É exigido o comprovante de conclusão de curso médio (ou equivalente).

Objetivo do curso

O curso foi planejado em sistema de créditos, com duas habilitações: Bacharelado (formação de dançarino) e Licenciatura Plena em Dança (formação de professor de dança).

Com o início do curso, a pedido do próprio Conselho Nacional de Educação e também para atender às mudanças na lei, principalmente quanto ao estágio, algumas alterações foram feitas no currículo inicial. O Parecer 100/2002 tornou obrigatório o estágio curricular supervisionado de quatrocentas horas, além de quatrocentas horas de prática de observação desde o início do curso. Sendo assim, além das disciplinas curriculares propriamente ditas, planejadas para oferecer uma formação teórico-prática ao futuro professor de dança, foi aberta a possibilidade de uma formação mais abrangente em relação ao ensino e à aprendizagem, facilitando uma postura investigativa e colocando os alunos em sintonia com o mercado de trabalho.

O novo curso atende às exigências dos Parâmetros Curriculares Nacionais[28] do ensino médio, que determinam competências e habilidades a serem desenvolvidas. Na área de arte, destacam-se três grandes campos: representação e comunicação, investigação, compreensão e contextualização sociocultural.

Todo o direcionamento usado por Angel Vianna na condução de seu trabalho está de acordo com as normas dos PCNs para a dança. O conhecimento resultante de seu trabalho alia-se à certeza de que cada corpo traz registrada uma história individual e de que cada um, como membro de determinado grupo, desempenha um papel importante na educação proposta para os corpos. A preocupação com o estímulo da capacidade criativa, presente em todas as disciplinas do currículo, em conjunto com o vínculo estabelecido entre arte e vida, instrumentaliza os formandos e formados pela Faculdade Angel Vianna a estabelecer e, se for o caso, transformar a relação entre corpo, dança e sociedade. Todo esse conhecimento corporal acontece com base em um processo de desconstrução no qual antigas posturas, causadoras de tensões, são substituídas por construções corporais capazes de liberar movimentos e expressões.

Os cursos de licenciatura em Dança são recentes no cenário universitário do país[29]. Durante muito tempo, a formação do bailarino, sempre feita em escolas de balé clássico, era em nível de segundo grau. O bailarino clássico, por decorrência do tipo de trabalho que realiza, deve estar pronto para o mercado de trabalho em torno dos 16/18 anos, o que inviabiliza uma formação universitária. A função de professor de dança, por sua vez, foi por muito tempo exercida por bailarinos mais experientes que se dedicavam ao ensino. Sua função era passar o que sabia aos recém-formados, sem nenhum curso específico de licenciatura. Tal hegemonia do balé clássico fez dos outros estilos, como a dança moderna, o jazz e as danças populares, um complemento na formação dos bailarinos clássicos. Esses outros estilos de dança não eram vistos com potencial de formação, mas, sim, apenas como uma complementação na formação do bailarino clássico ou uma opção de lazer. Ainda hoje, algumas das novas propostas de dança em comunidades carentes incluem somente o balé, guardando resquícios de uma visão hegemônica de dança, em vez de estimular a diversidade de estilos. São posturas que podem levar à idéia de que a dança clássica é a solução para a valorização da auto-estima de jovens de comunidades carentes e a única forma de levá-los para a Europa, para outra realidade. Isso implica projetos em que a dança estimula a competitividade e ainda é vista como uma arte para escolhidos, para aqueles que têm um corpo mais longilíneo, na qual a meta é reproduzir uma forma considerada ideal.

Sem propor a exclusão da dança clássica das possibilidades artísticas, considero importante que em programas de arte-educação, ou mesmo em projetos voltados para comunidades carentes outros estilos se façam presentes, sob pena de excluir pessoas dessa vertente artística. Angel Vianna, com seu enfoque de respeito às individualidades e à premissa de que é preciso revelar a dança de cada um, transforma o dançar em algo não só possível, como desejável e prazeroso a qualquer um que a ele se dedique. Esse deve ser o objetivo quando se inclui essa linguagem artística em qualquer projeto, educacional ou não. Ela não despreza o lado lúdico, que é condição *sine qua non* da prática.

O lugar da dança dentro da matriz curricular das escolas das redes municipal e estadual é ainda o menos estruturado. Ao contrário de artes plásticas, música e teatro, ainda não existem concursos específicos para professores de dança. São profissionais já pertencentes à rede de ensino, com alguma experiência em dança ou trabalho de corpo, os responsáveis por ministrar as aulas. No momento, são os professores de educação física que, após cursos de capacitação técnica, assumem a disciplina. Isso provavelmente se deve ao fato de que, como já dissemos anteriormente, só em 1985 tiveram início os cursos de licenciatura plena em dança no Rio de Janeiro. Talvez por isso essa seja a área em que estão as maiores dúvidas, tanto no que se refere ao conteúdo quanto à sua própria inclusão nos currículos das escolas de ensino fundamental e médio.

Para suprir essa falta e por constar na Lei de Diretrizes e Bases da Educação o ensino de arte, o Município do Rio de

Janeiro[30], baseado na abordagem triangular de Ana Mae Barbosa[31] – o fazer artístico, a leitura da obra de arte e a apreciação –, iniciou, há dez anos, o programa de extensão Núcleo de Artes. Nele são oferecidos, fora do horário de aula dos alunos, cursos nas linguagens específicas de dança, teatro, artes visuais, música e vídeo, com ênfase nas questões do movimento e da conscientização corporal da dança. Vêm sendo realizadas, durante esses anos todos, mostras de dança sem premiação, mas, ainda, com apresentação de trabalhos que propiciam uma visão do que é elaborado. A rede municipal já tem uma linguagem para a dança, faltando apenas o concurso para oficializar a investidura no cargo de professor. Mesmo assim, essa prática já aparece na matriz curricular de algumas escolas.

Angel Vianna, ao trabalhar seus princípios de Conscientização do Movimento e Jogos Corporais, espinha dorsal do curso da faculdade, promove em seus alunos um processo de autoconhecimento por meio de movimentos que estimulam a improvisação e a exteriorização da criatividade. Como Viola Spolin, que vê a "improvisação como resultado de um treinamento" cuja essência "é a transformação"[32], a faculdade promove um tipo de conhecimento capaz de situar melhor os alunos em meio às transformações estruturais e tecnológicas que ocorrem na nossa sociedade, uma vez que insere o corpo num contexto. Não é o conhecimento de um corpo isolado o que ela propõe, mas de um corpo em movimento, o que implica reconhecimento de espaço, tempo e de outro corpo com o qual se relaciona, uma vez que,

> Considerando o corpo em movimento, vê-se melhor como ele habita o espaço (e também o tempo), porque o movimento não se contenta em submeter-se ao espaço e ao tempo, ele os assu-

me ativamente, retoma-os em sua significação original, que se esvai na banalidade das situações adquiridas.[33]

Ao se tomar como princípios básicos do trabalho o respeito e a valorização das diferenças individuais, capacitando os profissionais que nela se qualificam, identificando e valorizando essa relação de cooperação, respeito e diálogo proposta pelos PCNs, privilegia-se a seguinte premissa: "Não ensine. Exponha os alunos ao ambiente teatral"[34]. Na faculdade em questão, esses princípios são trabalhados à medida que, por meio de estímulos concretos, o aluno é colocado em contato com o próprio corpo e com suas possibilidades de movimento, sem, na verdade, ensinar o *como fazer*.

> Planejar anteriormente como fazer alguma coisa lança o ator na representação e/ou dramaturgia, tornando o desenvolvimento daqueles que improvisam impossível e impedindo um comportamento espontâneo [...] o *como* mata a espontaneidade e impede experiências novas e não experimentadas.[35]

Explicitar as competências e habilidades que devem ser desenvolvidas em artes com os alunos nos leva ao questionamento de quais seriam as aptidões e os conhecimentos necessários ao arte-educador. Como devem ser os centros de formação desses profissionais? Rosa Iavelberg, em seu livro *Para gostar de aprender arte*, vê tais centros como locais onde se investe em "projetos de pesquisa e de formação contínua para que os professores sejam os protagonistas de práticas atualizadas em sala de aula"[36].

A pesquisa, como vimos anteriormente, é prática constante em todas as instituições dirigidas por Angel Vianna. Seu centro de estudos não só acolhe as pesquisas já existentes e consagradas, dando espaço para que sejam divulgadas, como incentiva atitudes investigativas em seus alunos. Com isso, todos os que freqüentam esse espaço estão sempre em contato com o que há de mais atual em relação aos trabalhos realizados na área de corpo. O intercâmbio com outras instituições nacionais e internacionais, por meio de convênios, palestras, cursos e *workshops*, mantém uma reciclagem permanente de alunos e professores.

Rosa Iavelberg, abordando especificamente as qualidades necessárias ao professor de arte, afirma que

> requer-se do professor sensibilidade e aguda observação sobre a qualidade do vínculo de cada um de seus alunos nos atos de aprendizagem de arte [...] A consciência de si como alguém capaz de aprender é uma representação que pode ser construída ou destruída na sala de aula.[37]

Ela ressalta a importância da variedade de estilos, em face das individualidades que compõem o grupo, para o "enriquecimento dos repertórios individuais, a valorização da cooperação e o incentivo a ela e não à classificação dos aprendizes e à competição improdutiva"[38].

Todo esse trabalho se baseia no desenvolvimento da sensibilidade por meio do aumento da percepção interna do corpo, de como esse corpo se movimenta e se coloca em relação ao espaço e ao outro. Por se tratar de um "processo de vida", como o qualificam todos os que dele participam – por ter base em conhecimentos científicos (anatomia, cinesiologia, fisiologia) e artísticos e por trabalhar com estímulos concretos –, essa instituição acadêmica consegue desmistificar alguns conceitos responsáveis pela exclusão de determinadas pessoas, por considerá-las inaptas para a atividade. A filosofia da faculdade tem como princípio valorizar cada aluno e demonstrar que todos são capazes de aprender técnicas e transmitir arte a seu modo. Esses conceitos são enraizados durante o processo de formação, por meio da convivência com os vários tipos de pessoas que encontram durante o curso. É a proposta de Viola Spolin, já citada, de não ensinar e, sim, colocar o aluno em contato com o ambiente para que a aprendizagem realmente aconteça. Os alunos da FAV têm essa vivência dentro do espaço acadêmico, tornando prática efetiva a afirmação de Rosa Iavelberg, de que o enriquecimento e a valoração dos repertórios individuais são responsáveis pelo crescimento de todos e afastam o fantasma da competição improdutiva.

No que se refere às ementas, pudemos observar que as propostas da Faculdade Angel Vianna suprem necessidades de formação de atores na área do corpo. Até mesmo outras técnicas que complementam o trabalho da FAV, como Laban, por exemplo, estão sempre presentes nos cursos de teatro. Isso, na verdade, não deve causar espanto, uma vez que, como vimos no primeiro capítulo, a Conscientização do Movimento, que permeia o trabalho de todas as disciplinas da FAV, nasceu de um trabalho com atores. Sempre voltado para a sensibilização, conscientização e percepções corporais, o curso da FAV, neste particular, também atende às necessidades corporais dos atores. A inclusão de disciplinas não habituais aos currículos de dança, como expressão vocal e interpretação, dá uma abordagem teatral ao curso, trabalhando habilidades não desenvolvidas normalmente em cursos de dança. Como não poderia deixar de ser, as disciplinas de dança na Faculdade Angel Vianna são mais desenvolvidas, uma vez que se trata de um curso de Licenciatura. Assim como nos cursos de teatro, a FAV procura dar ênfase à individualidade expressiva do aluno, fazendo cada um apresentar a sua dança. Aos cursos de formação de ator não interessa fazer os alunos decorarem formas para serem repetidas em cena. Não é esse comportamento que se espera de um ator. Muito pelo contrário, a cada novo personagem, uma nova criação é exigida, esperada e necessária para que o ator tenha sucesso. E nessa criação está inserto o corpo, o responsável por expressá-la em toda a plenitude. Para atores e bailarinos, a afirmativa de Merleau-Ponty, "sou o meu corpo"[39], é realmente básica. "Ele (o corpo) transforma as idéias em coisas"[40] e a "existência se realiza nele"[41]. Um corpo capaz de criar certamente é parte essencial para a boa atuação dos atores. Fazendo um paralelo entre o conhecimento do corpo e a criatividade, podemos dizer que, assim como para conhecer o corpo como um todo precisamos conhecer suas partes isoladamente, na criatividade há a mesma necessidade. Desenvolver a criatividade nas diferentes áreas que fazem parte do trabalho do ator – corpo, voz e interpretação – proporciona maior liberdade quando o ator está em cena. "O ator não toma por reais as situações imaginárias, mas, inversamente, destaca seu corpo real de sua situação vital para fazê-lo respirar, falar e, se necessário, chorar no imaginário."[42] Quanto mais ele puder criar de variadas maneiras, por diferentes vias, mais livre estará de padrões preestabelecidos que o mantêm preso a determinados comportamentos, o que prejudica a criação plena do personagem.

"Tenho um corpo e através dele ajo no mundo."[43] O corpo é, indiscutivelmente, o primeiro contato do ator com a platéia, o que torna o profissional presente. Quando este não atrai os olhares para si, muito pouco vão adiantar as palavras que forem ditas. O olhar do espectador será direcionado para aquele ator cujo corpo fala mais de perto a ele. Nossa forma de comunicação, em qualquer situação, é, sem dúvida, corporal. Angel

Vianna, ao dar destaque ao conhecimento corporal aliado à expressão teatral, como mostram os currículos e as ementas de seus cursos, favorece a construção do personagem por parte dos atores. O enfoque dado por Angel Vianna ao jogo dramático e à improvisação teatral visando a um corpo criativo demonstra a certeza de que esse é um terreno fértil, pois "o corpo é eminentemente um espaço expressivo"[44]. Promovendo, desse modo, uma facilitação na construção do personagem, leva a seus alunos a noção de como se processa o mecanismo de sedução da platéia, que transcende a técnica sem, contudo, desprezá-la. É esta sedução que Angel Vianna trabalha como ninguém: a expressão corporal.

Depoimentos de atores e atrizes

Um questionário foi entregue aos alunos da FAV com as seguintes perguntas:

Por que, sendo você atriz/ator, procurou uma faculdade de formação de dançarino?

Que tipo de mudanças o trabalho corporal feito com Angel Vianna imprimiu em seu trabalho de atriz/ator?

Quais as mudanças decorrentes desse trabalho corporal em seu modo de atuar?

Esse questionário foi enviado a onze atores e atrizes que, em 2003, estavam matriculados na Faculdade Angel Vianna. Em um primeiro momento, todos se prontificaram a responder, uma vez que também consideravam o trabalho realizado na Faculdade Angel Vianna importante em suas carreiras. Entretanto, só recebemos dois depoimentos em resposta. São duas atrizes de diferentes formações: Mariana Guimarães dos Santos, oriunda de um curso específico de formação de atores (UniverCidade), e Patrícia Selonk, da Armazém Cia. de Teatro, cuja formação se deu por cursos e oficinas programados pela própria companhia.

Analisando os depoimentos, verificamos que a Faculdade Angel Vianna foi escolhida por sua tradição em proporcionar um conhecimento mais aprofundado do corpo. Esse trabalho já era conhecido pelas duas atrizes como facilitador da atuação Nos depoimentos, constatamos que elas não tinham a intenção de se tornar bailarinas, mas sim trabalhar o corpo de forma mais intensa, aprimorando a performance de atriz em qualquer personagem. Ficou claro que, muito mais que procurar um curso de formação de bailarino, o objetivo era um curso com a marca de Angel Vianna. Um curso que oferecesse novas possibilidades de utilização do corpo como comunicador de idéias, que fizesse seus corpos serem usados como aliados na preparação dos personagens. Mariana assim relata o motivo pelo qual escolheu a Faculdade Angel Vianna:

> Cursei uma escola de formação de atores por dois anos. Terminado o curso, a única coisa que tinha certeza na profissão era que precisava estudar muito mais. A necessidade de estudar o corpo foi orgânica. No tal curso, tive uma cadeira que se chamava "Corpo", na qual estudávamos a importância de uma boa relação do ator com seu corpo, suas possibilidades etc. Mas era muito pouco e achei mais importante partir para um aprofundamento dessa pesquisa que continuar estudando interpretação e deixar um buraco nesse sentido. Não tive dúvida alguma de que o melhor lugar para esse estudo era a Faculdade Angel Vianna.[45]

Já Patrícia justifica da seguinte maneira a escolha do curso de formação em dança: "Quero ressaltar que não procurei um curso de formação de bailarino, mas sim um curso na Angel"[46]. Ressalta, em seu depoimento, já ter conhecimento do intercâmbio entre atores e bailarinos nos cursos da Escola Angel Vianna. Atriz há dezesseis anos, Patrícia, ao procurar um aprimoramento em seu trabalho corporal, não teve dúvidas de que a melhor escolha seria a Faculdade Angel Vianna. Falando sobre o trabalho ali realizado, ela diz:

> O trabalho na Angel abriu mais o leque de opções. É como se meu corpo ficasse mais disponível ainda para criar, uma vez que meu arsenal de movimentos se ampliou, se modificou, a partir do contato com outras técnicas. É como se a minha consciência sobre o que está acontecendo interiormente com meu corpo durante um determinado movimento tivesse se aguçado mais.[47]

É importante ressaltar que a Armazém Cia. de Teatro é uma companhia que, segundo a própria Patrícia Selonk, tem uma linguagem bem definida e sempre deu muita importância ao trabalho corporal de seus atores, promovendo cursos e oficinas especificamente para esse fim. Ela, ao contrário de Mariana, já tinha um trabalho corporal anterior que atendia às necessidades da sua companhia. Mesmo assim, Patrícia considera o trabalho de Angel Vianna um complemento de excelência para sua atividade como atriz. No que se refere às mudanças que ocorreram em sua atuação, como decorrência de sua experiência na Faculdade Angel Vianna, Patrícia nos diz que ainda não pode exemplificar com clareza (ainda está em processo de formação na faculdade), mas que o que sentiu de mais especial foi como diferentes experiências podem se juntar e se transformar em algo único. Angel propicia muito isso tornando a sua escola uma Escola de Vida, onde o importante é perceber que, para se tornar um artista melhor, é imprescindível que você se torne uma pessoa melhor.[48]

Patrícia, como todos aqueles que, de alguma maneira, participam dos cursos dirigidos por Angel Vianna, sejam eles livres, técnico ou da faculdade, sente que se opera uma mudança no modo de encarar a vida, a arte e o próximo depois de freqüentar a escola. O mesmo pôde ser constatado observando os depoimentos mostrados no terceiro capítulo, de alunos de cursos livres da escola. Todos se referem a mudanças não só no conhecimento corporal, mas também no modo de agir, graças aos conhecimentos adquiridos com o trabalho corporal de Angel Vianna: "Você passa a fazer as coisas sempre de maneira diferente" (Regina Ferreira); "Depois da Angel, a minha cabeça mudou muito" (Olavo Falabela); "A gente trabalha o sopro da vida, você trabalha a *anima* aqui" (Ângela Pecego)[49].

A escolha dos cursos dirigidos por Angel Vianna está relacionada à história que essa criadora desenvolveu com atores e bailarinos. Com o decorrer do curso e com o envolvimento no processo criativo proposto por Angel, as pessoas se dão conta de que algo especial acontece durante esse processo de formação. Isso faz que os cursos se acumulem em vez de se sucederem. Por exemplo, os cursos livres poderiam ter sido absorvidos quando se criou o curso técnico que, por sua vez, poderia ter perdido sua finalidade com a criação do bacharelado na Faculdade Angel Vianna, já que ambos formam o mesmo tipo de profissional-bailarino. Mas o que acontece é exatamente o contrário; cada curso dirigido por Angel Vianna tem cada vez mais um público certo. Todos buscam a sua marca, que é a capacidade de fazer que as pessoas tenham uma convivência mais criativa com seu corpo. A escolha do curso dependerá somente do objetivo e da necessidade de quem o procura.

A Faculdade Angel Vianna reúne, em seu programa de trabalho, ensino, pesquisa e extensão. Esse espaço dá oportunidade a todos os alunos e professores da faculdade de desenvolverem projetos, iniciados ou não durante o curso, relacionados com a busca de novos conhecimentos e aprendizagens na área de corpo. Sendo a pesquisa um processo criativo, vai também ao encontro de toda a filosofia em que sempre se baseou Angel Vianna – revelar e desenvolver o potencial de criar de todos os que a procuram. Esse espaço aberto à experimentação, à descoberta e ao conhecimento do poder criativo oferece a possibilidade de uma relação positiva com a criação.

NOTAS E REFERÊNCIAS BIBLIOGRÁFICAS

1 Dados obtidos na secretaria da escola. Rio de Janeiro.
2 Dados obtidos na coordenação da escola. Rio de Janeiro.
3 Dados obtidos na secretaria da Escola Angel Vianna. Rio de Janeiro.
4 VIANNA, Angel. *Escola Angel Vianna, um breve relatório dos últimos treze anos.* Material de divulgação da escola.
5 Ementas fornecidas pela secretaria da Escola Angel Vianna.
6 FERREIRA, Regina. Entrevista à autora em 5 de março de 2002. Rio de Janeiro.
7 FALABELA, Olavo. Entrevista concedida à autora em 25 de janeiro de 2005. Rio de Janeiro.

8   *Ibidem.*

9   *Ibidem.*

10 *Ibidem.*

11 PECEGO, Ângela. Entrevista concedida à autora em 2 de setembro de 2003. Escola Angel Vianna. Rio de Janeiro.

12 *Ibidem.*

13 *Ibidem.*

14 GUTMAN, Regina. Entrevista concedida à autora em 2 de setembro de 2003. Escola Angel Vianna. Rio de Janeiro.

15 *Ibidem.*

16 *Ibidem.*

17 BAIÃO, Isis. Entrevista concedida à autora em 2 de setembro de 2003. Escola Angel Vianna. Rio de Janeiro.

18 SPOLIN, Viola. Atriz, diretora e educadora, reconhecida internacionalmente por seu sistema de treinamento de atores denominado "Jogos Teatrais".

19 _____. *Improvisação para o teatro*. 4. ed. São Paulo: Perspectiva, 2000, p. 14.

20 OSTROWER, Fayga. *Criatividade e processos de criação*. 13. ed. Petrópolis: Vozes, 1987, p. 12-3.

21 PECEGO, Ângela. Entrevista concedida à autora em 2 de setembro de 2003. Rio de Janeiro.

22 DEWEY, John. Psicólogo, filósofo e educador norte-americano. Graduado pela Universidade de Vermont, em 1879 e PhD pela Johns Hopkins University, em 1884. Presidente da American Psychological Association e da American Philosophical Association.

23 DWORKIN, Martin. Classics in education n. 3. *Dewey on Education selections*. Nova York: Teachers College Press, 1959, p. 22 (I believe that education, therefore is a process of living and not a preparation for future living).

24 FREIRE, Paulo. *Educação e mudança*. 23. ed. São Paulo: Paz e Terra, 1999, p. 30.
25 CASTILHO, Jacyan. *Dança e educação em movimento*. São Paulo: Cortez, 2003, p. 152.
26 Informações oficiais obtidas na secretaria da Faculdade Angel Vianna.
27 *Ibidem*.
28 SECRETARIA DE EDUCAÇÃO MÉDIA E TECNOLOGIA. *Parâmetros curriculares nacionais:* ensino médio. Ministério da Educação, Secretaria de Educação Média e Tecnologia – Brasília: MEC; Semtec, 2002.
29 O primeiro curso de Licenciatura em Dança data de 1956, em Salvador; o primeiro no Rio de Janeiro data de 1985.
30 Informações oficiais obtidas na Divisão de Artes Cênicas-Teatro, da Secretaria Municipal de Educação do Rio de Janeiro, em entrevista concedida à autora em 23 de dezembro de 2003.
31 BARBOSA, Ana Mae. Professora aposentada da pós-graduação em Arte-Educação da Escola de Comunicação e Arte da Universidade de São Paulo, presidente da International Society of Education throught Art (InSea) e professora convidada da The Ohio State University, Estados Unidos.
32 SPOLIN, Viola. *Improvisação para o teatro*. 4. ed. São Paulo: Perspectiva, 2000, p. 34 e 38.
33 MERLEAU-PONTY, Maurice. *Fenomenologia da percepção*. 2. ed. São Paulo: Martins Fontes, 1999, p. 149.
34 SPOLIN, Viola. Op. cit., p. 37.
35 *Ibidem*, p. 31.
36 IAVELBERG, Rosa. *Para gostar de aprender arte*. Porto Alegre: Artmed, 2003, p. 9.
37 *Ibidem*, p. 10.
38 *Ibidem*, p. 11.

39 MERLEAU-PONTY. Op. cit., p. 208.
40 *Ibidem*, p. 227.
41 *Ibidem,* p. 229.
42 *Ibidem*, p. 152.
43 *Ibidem,* p. 194.
44 *Ibidem*, p. 202.
45 SANTOS, Mariana Guimarães dos. Atriz formada pela Univer-Cidade. Depoimento por e-mail em 10 de setembro de 2003.
46 SELONK, Patrícia. Atriz da Armazém Cia. de Teatro. Depoimento por e-mail em 10 de setembro de 2003.
47 *Ibidem.*
48 *Ibidem.*
49 Depoimentos do início do capítulo.

4 ‖ A Conscientização do Movimento e o teatro

‖ A TRAJETÓRIA DE ANGEL VIANNA NO TRABALHO PEDAGÓGICO COM ATORES ‖

A trajetória de Angel Vianna com atores de teatro teve início ainda em Belo Horizonte, em 1962, por ocasião da montagem de *O pagador de promessas*. Com direção de Haydée Bittencourt, o espetáculo teve a participação dos alunos do Teatro Universitário de Minas Gerais/BH e a direção corporal de Angel Vianna.

Com a vinda para o Rio de Janeiro, o casal Klauss e Angel conhece a classe teatral da cidade e começa a receber convites para montagens. A primeira participação de Angel deu-se em *As relações naturais*, do dramaturgo de Porto Alegre Qorpo Santo, com direção de Luiz Carlos Maciel[1], que nos disse, em entrevista, ter reunido nessa montagem "um jovem compositor desconhecido, chamado Paulinho da Viola", e Angel Vianna, como responsável pelo trabalho de corpo dos atores e pela coreografia.

Maciel conhecia teoricamente o trabalho dos Vianna pelas conversas no Zepelin, bar de Ipanema freqüentado pelo pessoal de teatro, em que Klauss falava da "expressividade do corpo do ator no fenômeno teatral"[2]. Com o contato, aproveitou para testar esse princípio na prática.

No ano seguinte, em 1970, Angel fez a direção corporal de duas peças: *Maroquinhas Fru-Fru*, com direção de Maria Clara Machado, no Teatro Tablado/RJ, e *Soma*, com direção de Amir Haddad, no Teatro Tereza Raquel/RJ. Haddad[3], nesse espetáculo, rompeu com toda e qualquer postura do teatro tradicional, compondo uma peça totalmente aberta, improvisada, em que a liberdade dos atores era essencial. Segundo o próprio Haddad, era um espetáculo "sem começo, sem meio nem fim"[4], em que o trabalho de Angel Vianna foi muito importante.

Em 1971, Angel fez a direção corporal de *Miss Brasil*, de Maria Clara Machado com direção de João Marcos, no Teatro Opinião/RJ, e *Woyzec*, de Buchner, direção de Marília Pedroso, no Teatro Casa Grande/RJ. No ano seguinte, ela voltou a trabalhar com Amir Haddad fazendo a direção corporal de *Tango*, de Slamovir Mrozek, no Teatro Tereza Raquel/RJ. Dessa vez, apresentava uma montagem mais convencional, "em que os atores não precisavam tanto desta famosa expressão corporal da época"[5]. Mesmo assim, conforme Haddad relata, Angel trabalhou o corpo dos atores e fez a coreografia final.

Renata Sorrah, ao comentar sobre a peça, lembra que "eram três casais de idades diferentes e cada um tinha um corpo, um tônus"[6].

Em 1972, coordenou a direção corporal de *A China é azul*, de José Wilker, no Teatro Ipanema/RJ. A peça, que reuniu a equipe artística de *Hoje é dia de rock*, teve Rubens Corrêa na direção, cenografia de Luiz Carlos Ripper e Cecília Conde

Tango. Teatro Tereza Raquel/RJ/1972. Ary Coslov, Tereza Raquel e Sérgio Britto. Foto: Carlos/Cedoc/Funarte.

criando as músicas que acompanhavam os viajantes rumo à China. No elenco estavam Rubens Corrêa, José Wilker e Maria Teresa Medina.

Em 1979, trabalhou em duas peças com direção de Nelson Xavier: *Verbenas de seda*, de Oduvaldo Vianna Filho, e *Papa Highirte*. Xavier recorda que teve problemas na escolha do elenco de *Papa Highirte*, pois, segundo ele, o ator brasileiro daquela época, principalmente o que tinha formação em televisão, não dava atenção a nada, muito menos ao corpo.

Por isso, diz ter tido dificuldades para encontrar atores adequados para a montagem. "Angel foi especialmente útil para os atores jovens"[7], afirma.

Papa Highirte. Teatro dos Quatro/RJ/1979. Sérgio Britto e Angela Leal. Foto: Max Mavenber/Cedoc/Funarte.

Sobre *Papa Highirte*, Sérgio Britto, que se viu ensaiando uma dança típica – "Não sei como Angel me fez dançar a chula"[8] –, nos conta que a descoberta do corpo, resultante do trabalho de Angel Vianna, é um exercício de "sensibilidade quase artística que vai virando científica; é uma riqueza que não pára mais"[9]. Mas esse trabalho, diz Sérgio Britto, "não agrada àqueles que querem ficar na acomodação do fichário de efeitos"[10]. "O mexer com o corpo é incômodo", completa o ator[11].

Em 1980, Angel Vianna foi a responsável pela direção corporal dos musicais *Apenas um conto de fadas*, com direção de Eduardo Tolentino, e *Unhas e dentes*, direção de Luiz Carlos Ripper, no Teatro Senac/RJ. Em 1982, voltou a trabalhar com Eduardo Tolentino em *O trágico acidente que destroçou Teresa*, de José Wilker. A descoberta de Angel Vianna por Eduardo Tolentino foi fruto do excelente e instigante trabalho executado pelos Vianna no cenário teatral do Rio de Janeiro. Tolentino, aluno de Economia na PUC/RJ, fazia teatro amador na própria universidade. Quando decidiu se profissionalizar, escolheu como mestres as pessoas que faziam o trabalho corporal dos espetáculos mais importantes do Rio de Janeiro – Klauss e Angel Vianna. Durante alguns anos, todos os integrantes do Tapa[12] fizeram aulas na Escola Angel Vianna[13].

Apenas um conto de fadas. Grupo Tapa. Foto: Luiz Guilherme Melgan/Cedoc/Funarte.

Angel fez a direção de corpo de *A cerimônia do adeus*, de Mauro Rasi, no Teatro dos Quatro/RJ; *Imaculada*, de Franco Scaglia, em 1986; e *Jardim das cerejeiras*, em 1989, todos com direção de Paulo Mamede.

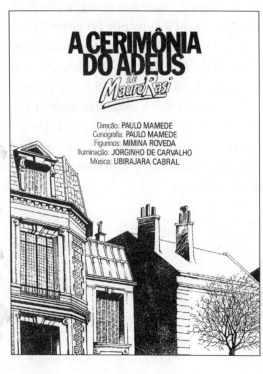

Programa da peça *A cerimônia do adeus*. Cedoc/Funarte.

Ainda em 1986, fez a direção corporal de *Ação entre amigos*, de Márcio de Souza, no Teatro Ipanema/RJ, com direção de Paulo Betti, e a do ator Nildo Parente na peça *Sábado, domingo e segunda*, de autoria de Eduardo Felipo, no Teatro dos Quatro/RJ, dirigida por José Wilker. Essa peça girava em torno de um almoço de domingo. O Sábado representava o ato de preparação do almoço e tinha como cenário a cozinha da casa. O Domingo encenava o almoço, propriamente dito, e a Segunda-feira mostrava as personagens no dia seguinte ao almoço. Nildo Parente fazia uma personagem de teatro de rua, um Polichinelo, da Commedia dell'Arte. Ele representava, metaforicamente, o teatro na peça[14]. E, segundo o seu depoimento, a orientação dada por Angel Vianna foi fundamental na composição corporal e cênica de sua personagem.

Em 1990, Angel Vianna assinou a direção corporal de *O casamento branco*, de Tadeusz Rozewicz, no Centro Cultural Banco do Brasil, e, em 1992, de *O noviço*, no Teatro Delfim/RJ, ambas as peças com direção de Sérgio Britto. Ao tecer comentários sobre *O casamento branco*, Sérgio lembra que o trabalho foi muito entrosado. Muitas vezes deixava que os exercícios passados por Angel Vianna definissem uma cena e cita, como exemplo, a cena do piquenique em que "as pessoas vão começar a comer, mas a voracidade de comer vai despertando a sexualidade [pensada ou falada] e vamos ver até onde esse piquenique vai"[15].

No ano seguinte, 1993, *A obscena senhora D*, de Hilda Hilst, com adaptação teatral de Eid Ribeiro e Vera Fajardo, apresentada na Casa da Gávea/RJ, teve Angel Vianna como responsável pela direção corporal.

Em 1999, a coreógrafa dedicou-se à peça *Nostradamus*, de Doc Comparato, dirigida por Renato Borghi e encenada no Centro Cultural Banco do Brasil/RJ.

Nos intervalos das montagens, ministrou vários cursos e palestras para atores, professores, musicoterapeutas e bailarinos, preparando alguns para atuar em filmes e novelas. Oferecemos anexa, no final deste capítulo, uma listagem da atuação de Angel Vianna, o seu percurso pedagógico-múltiplo, criativo, coerente e pertinente.

Apesar da variedade de estilos e tendências estéticas das montagens, o modo de trabalhar de Angel Vianna, de maneira geral, foi sempre o mesmo — uma preparação inicial em que era feito um trabalho de conhecimento do corpo por meio da Conscientização do Movimento e dos Jogos Corporais e, depois, o trabalho na cena. Isso nos faz crer que o trabalho corporal desenvolvido por ela é realmente eficiente para o ator em qualquer situação em que ele se encontre. O conhecimento do corpo, proposto por Angel, leva os atores a um domínio próprio que os capacita a responder de forma rápida e adequada às demandas de cada montagem.

Esse processo de Conscientização do Movimento se estendeu a vários outros segmentos. Inicialmente, eram os atores seu público-alvo. Entretanto, com a divulgação do trabalho de Angel Vianna, uma gama sempre crescente de instituições começou a solicitar seus cursos e suas palestras. Sua atuação foi se estendendo rapidamente a profissionais das áreas de educação, psicologia e terapeutas de várias linhas de atuação. Instituições públicas como o Senac/RJ, as Secretarias de Educação e Cultura do Rio de Janeiro, de Cuiabá, Salvador e Macapá, escolas de música, grupos de pesquisa em teatro, escolas de arte, faculdades (cursos de graduação e de pós-graduação), centros de terapia e recuperação e tantos outros introduziram a Conscientização do Movimento em seus currículos.

ASPECTO DIDÁTICO-PEDAGÓGICO DO TRABALHO REALIZADO POR ANGEL VIANNA

O pioneirismo do trabalho pedagógico realizado por Angel Vianna é apontado não só por pessoas que trabalharam com ela nas montagens, mas, também, por bailarinos e atores que, de alguma forma, tiveram contato com ela. Os comentários que se seguem procuraram manter a espontaneidade dos depoimentos.

Rossella Terranova, bailarina clássica, dedica-se ao trabalho corporal desde 1969, quando iniciou o trabalho de pesquisa com Klauss e Angel Vianna. A partir de 1979, passou a trabalhar profissionalmente, dando aulas e fazendo a preparação corporal de atores e atrizes, tanto em teatro[16] como em televisão[17]. Começou a fazer aulas com Angel ainda no estúdio de Tatiana Leskova, na turma de expressão corporal. Conta que sua grande descoberta foi ter a certeza de que "tinha dois lados no corpo" e que "esses dois lados eram autônomos", podiam se mexer separadamente. Foi trabalhando em cima das suas dificuldades, necessidades e descobertas que Rossella descobriu um mundo novo. Esse mundo continua "sendo novo até hoje"[18].

Lembrando-se das aulas de expressão corporal dadas por Angel Vianna, Rossella diz que eram divididas em duas partes: uma, com exercícios dirigidos, e outra, com um trabalho mais livre, de sensibilização e improvisação. "Coisas fantásticas em termos de experiência, até porque estávamos em um Brasil precursor de experiências."[19] Rossella nos conta que desde aquela época a Conscientização do Movimento já aparecia em essência no trabalho de Angel, apesar de não nomeada explicitamente. Era um trabalho que tinha como tônica o respeito e o cuidado consigo mesmo e com o próximo, e se aproximava de uma sensação de transcendência, buscando um "bem-estar, para um poder fazer, um poder estar"[20]. Reconhece que não possuía nenhuma elasticidade, que só adquiriu após o trabalho desenvolvido por Klauss e Angel Vianna. Seu depoimento registra que "suas pernas não levantavam como era esperado de uma bailarina clássica naquela época, e que, hoje em dia, aos 60 anos, consegue levantar a perna em um ângulo de 180 graus". Diz que faz "as coisas não por facilidade, mas por ter aprendido o caminho"[21].

Guida Vianna[22], atriz e professora do Tablado, representante de outra geração mais nova, ao falar da importância do trabalho corporal para o ator, mostra-nos o lugar que Angel Vianna ocupa nesse contexto. Até a década de 1960, diz Guida, não havia nenhuma preparação corporal para os atores. Eles vinham do rádio e todos falavam muito bem. A década de 1960, além da mudança comportamental, trouxe a importância do corpo para o teatro. Juntos, Klauss e Angel foram os formadores de todos aqueles que, a partir da década de 1970, deram aulas de expressão corporal a atores. Observa que, hoje em dia, várias outras técnicas corporais, como kung fu, capoeira, taichi e outras, estão presentes no processo de preparação física do ator e servem a determinada peça, pois atendem às necessidades específicas da personagem criada naquele momento. O trabalho de Angel Vianna, entretanto, é singular, uma vez que, **ao fazer o ator conhecer seu corpo, trabalha suas necessidades específicas e não somente da personagem em questão.** Além disso, o ator aprende que esse corpo se expressa, como se expressa e que, por meio dele, pode dar mais vida ao seu personagem.

Angel Vianna, durante as montagens, como dissemos anteriormente, tem uma atuação muito peculiar. Ela não se limita a preparar atores para determinado papel. Em todas as montagens, Angel faz um trabalho inicial em que procura levar os atores a um conhecimento maior de seu corpo em movimento, independentemente do papel que tenham na montagem. Sempre é dado o que se poderia chamar de um curso rápido ou um *workshop* com a duração da montagem da peça. Durante o período de preparação, sempre antes de começar o ensaio propriamente dito, acontece esse trabalho corporal com os atores em que eles, por meio da Conscientização do Movimento, ampliam seus conhecimentos e sua mobilidade corporal. Essa aprendizagem é levada para a cena no momento da preparação da personagem e pode ser usada em outras montagens. A atuação pedagógica singular se faz sentir assim que os atores incorporam esse aprendizado, podendo fazer uso dele em outras ocasiões. Todos os entrevistados são unânimes em afirmar que esse conhecimento se torna tão enraizado nas atitudes dos atores que é usado em outros trabalhos sem a necessidade de uma predeterminação, sem uma obrigatoriedade consciente. O seu uso acontece quase como uma atitude reflexa, de um modo natural, sem grandes preocupações e determinações para que sejam transportados os ensinamentos aprendidos.

Ivan de Albuquerque, do Teatro Ipanema, um dos primeiros a trabalhar com Angel e Klauss no Rio de Janeiro, conta-nos como a experiência acontecia: Klauss colocava os atores de pé, vestidos com um calção, e observava o corpo de cada um. "Como éramos tortos!"[23], nos conta Ivan, referindo-se a Rubens Corrêa, José Wilker e a ele próprio durante o trabalho corporal feito por Klauss para a peça *O arquiteto e o imperador da Assíria*. Iniciar um trabalho com base em exercícios, desvinculados do texto, era uma atitude inteiramente nova para eles. Com Klauss, exercitavam o corpo durante quatro ou cinco horas diárias, o que, segundo Ivan de Albuquerque, provocou uma mudança no corpo de Wilker: "Sumiu com a barriga dele, engrossou as pernas. Era lindo vê-los trabalhando, dando um *show* de corpo"[24].

Sérgio Britto recorda o final da década de 1960, quando surgiu o trabalho denominado por Klauss e Angel Vianna de "expressão corporal", e lembra-se dos abusos e equívocos decorrentes das banalizações dessa expressão, encontrada em vários espetáculos da época. Os anos 1964 a 1968, diz ele, foram de grande repressão e de grande censura ao teatro no Brasil. Talvez por isso o corpo tenha começado a ser valorizado por vários segmentos da sociedade, inclusive pelo teatro. Como diz Sérgio Britto, "foi a moda que pegou vazia"[25].

Para Britto, Angel e Klauss "criaram um tempo – antes de Angel e Klauss e depois de Angel e Klauss"[26]. Para ele, um trabalho de expressão corporal bem-feito leva o ator a encontrar o lugar certo das coisas, "vai encontrar o palco em relação à dimensão do palco, em relação à posição da platéia"[27].

Luiz Carlos Maciel, ao se referir à metodologia de trabalho de Angel Vianna durante a montagem de *As relações naturais*, nos diz que ela trabalhava, separadamente, as diversas etapas: o conhecimento corporal precedia a coreografia, e a isso acrescentavam-se um contato e determinado horário dedicado aos atores. Quando Maciel assumia a direção dos ensaios, Angel observava se o trabalho desenvolvido por ela tinha sido eficaz e correspondia às expectativas do diretor. "Foi uma coisa maravilhosa, sinto nunca mais ter trabalhado com Angel."[28]

Nelson Xavier, ao se reportar ao trabalho realizado por Angel Vianna em *Verbenas de seda* e *Papa Highirte*, recordou sua experiência no Teatro de Arena e a preocupação em relação ao comportamento físico do ator. O grupo tinha uma pesquisa que procurava caracterizar o homem brasileiro por meio de um gestual próprio. Ao conhecer Klauss Vianna, Nelson viu que a proposta apresentada era "muito mais profunda, muito mais envolvente"[29]. Pelo fato de Klauss vir da dança, diz Nelson, "o corpo em silêncio era expressão para ele e para nós, não"[30]. Isso significava que o corpo adquiria determinada autonomia e significação, independentemente do texto a ser lido, discutido e encenado. O trabalho corporal proposto precedia o trabalho com o texto e envolvia relaxamento, concentração e exercícios físicos, que eram novos para os atores. No *Papa Highirte*, solicitei à Angel um trabalho que permitisse aos atores uma "receptividade física"[31] diferente da rigidez que normalmente apresentavam, e isso foi "plenamente atingido"[32].

André Heller, diretor da Cia. de Ópera da Cidade do Rio de Janeiro, convocou Angel Vianna para trabalhar com os cantores que, de modo geral, têm uma visão diferente do que é atuar. Para eles, diz Heller, é "chegar, cantar, e o atuar é fazer cena"[33]. Heller sempre desejou trabalhar os conceitos de Angel Vianna com os cantores de ópera. Seu conhecimento desse trabalho data de 1990/1991, época em que fez o curso Estudo do ator, dirigido por Walmor Chagas, com o trabalho de corpo a cargo de Angel Vianna. A paixão foi tanta que Heller acabou fazendo aulas não só com Angel, mas também com Reiner. Quando, em 1996/1997, reuniu dez cantores em uma cooperativa que deu origem à Cia. de Ópera da Cidade do Rio de Janeiro, convenceu-os da necessidade de um trabalho corporal dessa natureza. Infelizmente, diz Heller, por falta de horário, só foi possível fazer um *workshop* de aproximadamente oito horas. "O trabalho não foi para o espetáculo, mas para a Companhia"[34], isto é, o trabalho realizado por Angel com os cantores não serviu só para aquele espetáculo específico, mas para a atuação futura dos cantores como artistas, mostrando que é possível usar o corpo como meio de expressão.

Heller constatou que a atitude "armada", característica do início do trabalho, foi substituída por outra bem mais solta no final da noite. Ficou um pouco mais clara, para as pessoas, a relação com o corpo e "acho que elas usaram depois, sem você dizer aquela coisa consciente"[35]. Ou seja, embora não verbalizassem, os cantores da Companhia modificaram a relação que possuíam com o próprio corpo, ao encenarem um espetáculo. Introjetaram, portanto, o princípio adquirido em contato com Angel Vianna.

Sérgio Britto tem uma opinião sobre as pessoas que se interessam pelo trabalho de Angel Vianna: "As que têm uma cabeça muito arrumada não o aceitam". Justifica dizendo que a expressão corporal "não é científica a ponto de ser uma técnica"[36]. Para ele, trabalha-se a sensibilidade, que de tão trabalhada "parece uma técnica"[37]. Expressão corporal, para Sérgio Britto, não é só o movimento, é a presença do ator em cena. Antes desse trabalho, ele não se sentia à vontade para entrar no palco e não dizer nada por alguns segundos. Agora é capaz de parar, esperar que todos o vejam e estejam atentos para a sua fala[38]. A meu ver, o trabalho de Angel Vianna faz o ator aumentar a capacidade de percepção, o que se traduz em uma sensibilidade mais apurada, que vai fazer que ele perceba melhor tudo aquilo que encontra, o corpo, o mundo, o semelhante, e, conseqüentemente, a melhor maneira de estar em cena.

Otávio Müller, ator de teatro e televisão, teve sua carreira moldada pelo trabalho de Angel Vianna desde o início. Formado pela Casa das Artes de Laranjeiras (CAL), teve Angel como professora. Seu depoimento deixa clara a importância desse trabalho corporal em sua atuação. A paixão pelo teatro vem desde a infância e o tornar-se ator se fortaleceu quando entrou para a CAL, muito em função dos professores que teve. A filosofia da escola, na época em que Otávio estudou, era a de trazer profissionais atuantes no mercado para dar as aulas, independentemente de serem ou não professores acadêmicos. Foi na CAL que conheceu Angel Vianna e seu trabalho de Conscientização do Movimento. Entender o corpo, diz Otávio, foi fundamental para sua formação. A aula de Angel, lembra, era "como se fosse a feitura de uma obra-prima"[39]. Aos poucos, ia fazendo que entendessem cada pedaço do corpo, para, no final, ter claro o caminho percorrido para isso. O trabalho iniciava-se com as pessoas deitadas no chão e visava ao reconhecimento do corpo, para depois, em pé, acrescentar-se a noção do espaço – fundamental para o ator. Otávio diz ter tido vontade de complementar seus estudos com o curso técnico da Escola Angel Vianna.

O ator, por ser de uma geração mais nova, pós-anos 1970, não teve, como muitos outros, uma fase em sua carreira em que desconhecesse o trabalho de Angel Vianna. E, como ele mesmo diz, "nas células da minha formação, ela é absolutamente fundamento, fundamental e raiz"[40]. O trabalho realizado com ela está sempre presente, até em coisas simples, como o estar atento para as descobertas e, ao mesmo tempo, relaxado para que essas descobertas possam acontecer. Considera essa aprendizagem muito útil para o seu trabalho na televisão, pois o ajuda a estar preparado para o inesperado que pode surgir no momento em que a cena acontece, mesmo que o texto tenha sido decorado e ensaiado. O trabalho de Angel Vianna prepara os atores para esses imprevistos. A improvisação nesse momento só acontece se existe um corpo que respira, que flui, onde a atenção está presente, afirma Otávio. "Um corpo tenso não escuta, não olha."[41]

O trabalho que Angel Vianna faz com os atores fica de tal modo enraizado neles que não há necessidade de se obrigar a usar os conceitos e os ensinamentos aprendidos, afirma Otávio Müller. Eles aparecem traduzidos em atitudes e ações diante das situações que surgem na cena. O importante é ter um "corpo vivo que respira, um corpo vivo que está atento, um corpo vivo que está em cena, atento para a cena que está acontecendo em volta, seja no estúdio, seja na rua, seja no palco"[42]. Essa aprendizagem é fundamental para o ator.

Quanto ao trabalho corporal realizado por Angel e Klauss Vianna, convém destacar algumas "marcas" significativas apresentadas pelos entrevistados; a saber: a) o trabalho pioneiro, realizado no Rio de Janeiro, no que diz respeito à inclusão do trabalho corporal como parte integrante de uma montagem teatral; b) a coerência metodológica e singular de Angel Vianna.

No que se refere à ação pedagógica desse trabalho, há também uma unanimidade quanto à sua existência em todos os depoimentos: o aprendizado, uma vez realizado, pode ser transferido para outras situações, sempre com êxito, independentemente do estilo, da tendência estética do diretor e do texto. Muitas vezes, dava uma nova direção ao trabalho das pessoas, como observamos, por exemplo, no depoimento de Amir Haddad, quando ele diz que seria outra pessoa se não tivesse trabalhado com Angel Vianna.

A VISÃO DE ATORES E DIRETORES SOBRE O APRENDIZADO DURANTE AS MONTAGENS

Para apoiar a hipótese de que a prática que Angel Vianna desenvolve constitui em quem o faz, dentro ou fora de uma montagem teatral, um aprendizado que poderá ser usado em qualquer contexto, recolhemos depoimentos de diretores, atores e atrizes que com ela trabalharam. Como o trabalho dos Vianna teve início com uma parceria entre Klauss e Angel, e só mais tarde se desfez, utilizamos alguns depoimentos de atores que trabalharam com Klauss, a fim de mostrar que esse caráter pedagógico existe desde o início.

Ivan de Albuquerque, do Teatro Ipanema, que, como já dissemos anteriormente, foi um dos primeiros a trabalhar com o casal Vianna, assinala como foi a descoberta do corpo por meio do trabalho corporal apresentado. Ivan era adepto do chamado ensaio de mesa, em que os atores ficavam sentados ao redor de uma mesa, lendo e discutindo o texto durante, às vezes, alguns meses. Mas, quando resolveu montar *O arquiteto e o imperador da Assíria*, mudou radicalmente sua conduta. Sua experiência em *O jardim das cerejeiras* levou-o a usar o "método Klauss" e a começar pelo trabalho de corpo. Convidou um ator jovem e desconhecido, José Wilker, "magro, barrigudo, com um gogó muito feio"[43] que, depois desse trabalho, tornou-se um sucesso de beleza e *sex appeal*[44]. O trabalho, inicialmente baseado na improvisação, foi aos poucos montando o "espírito" da peça sem que eles percebessem. "O espetáculo foi se abrindo, se revelando, como se cortinas fossem sendo abertas e a gente fosse vendo cada vez mais nítido. Era uma coisa que emergia sozinha."[45] O sucesso de *O arquiteto* deu a Ivan de Albuquerque o prêmio de melhor diretor do ano, e tudo "devido ao impulso que Klauss deu"[46].

A entrada de Angel Vianna no Teatro Ipanema se deu por ocasião da montagem de *Hoje é dia de rock*, de José Dirceu. Ivan de Albuquerque pediu a Klauss que trouxesse Angel. Com um estilo próprio de trabalho, mas chegando ao mesmo resultado, a união Angel e Klauss em uma montagem deixou-a "poderosíssima"[47]. O espetáculo ficou um ano em cartaz com a casa lotada.

No que se refere à atuação de Angel Vianna, Ivan de Albuquerque a considera mais exigente do que Klauss, ao explicar sua metodologia. Ela pedia aos bailarinos que contassem histórias da vida deles e observava seus corpos enquanto falavam.

Muitas vezes, interrompia dizendo aos atores que o que eles falavam era negado pelo corpo. "Para falar isso, você deveria estar com outro ombro, com outra barriga, com outra espinha, com outra postura."[48] O tipo de exercício proposto era inteiramente novo e, segundo Ivan, o tipo de conhecimento que passaram aos atores foi preciosíssimo. O fato de serem marido e mulher, e trabalharem juntos, conferia-lhes uma unidade ao trabalhar, apesar de, por vezes, utilizarem metodologias diferenciadas. Com a ida de Klauss Vianna para São Paulo, Angel ficou sozinha trabalhando com o grupo.

Luiz Carlos Maciel, que assinou a direção de *As relações naturais*, de Qorpo Santo, lembra-se que, durante a sua formação, o trabalho de corpo indicado para atores, mesmo fora do Brasil (estudou nos Estados Unidos), limitava-se a uma aula com rudimentos de balé clássico para colocar a coluna em posição correta, e de esgrima, para dar agilidade e desenvolver a atenção. Nos cursos de direção ministrados, existia a preocupação com a visão do espectador, fundamental para o conteúdo da ação dramática. Aprendia-se que a localização do ator no palco tem força diferente – no fundo, no procênio, no chão, no alto – e isso deveria ser levado em consideração. A parte corporal na composição da personagem, até então, limitava-se a pequenos detalhes, como "um velho é alquebrado" e "um jovem é mais ereto", mas tudo em função da condição física da personagem, nunca como uma possibilidade expressiva. Não havia a visão de que o "corpo do ator podia ter influência, podia expressar o texto da mesma maneira que a voz expressava e da mesma maneira que a linguagem visual dos cursos de direção"[49]. Klauss foi a primeira pessoa que falou a Maciel sobre a importância da expressividade do corpo do ator e Angel, a primeira que tornou isso uma realidade. Mostrou que existia mais um elemento capaz de passar o conteúdo que o diretor deseja que chegue ao espectador: a expressão do corpo, o modo como o corpo se apresenta. As marcações, a movimentação, os gestos e, principalmente, as palavras podem e devem ser complementadas pela expressão do corpo. O teatro, anteriormente chamado de teatro declamado, "começou a deixar de ser valorizado, entre outros motivos, pelo crescimento da chamada expressão corporal"[50].

Amir Haddad, ao recordar o trabalho de Angel em *Soma* e *Tango*, nos dá o seguinte depoimento:

> Angel e Klauss Vianna fazem parte de uma vanguarda do teatro brasileiro, da década de 1960/1970, e que foi sufocada por tudo que veio depois. Apesar disso, o trabalho de Angel Vianna sobreviveu com qualidade. Não se entregou à mediocridade, que era, segundo Haddad, a proposta da época da ditadura militar. Eles se preocuparam em "tirar esse corpo da cabeça e entrar em contato com o verdadeiro corpo que somos nós mesmos".[51]

Como vimos, Haddad reconhece a importância da Escola Angel Vianna no que se refere a essa pioneira linha de reflexão sobre o **corpo**. E, assim, pronuncia-se: "Angel e Klauss realmente traziam alguma coisa de novo"[52].

A atriz Renata Sorrah, que atuou em *Tango*, afirma ter sido, nessa montagem, a primeira vez que trabalhou em teatro com uma professora de expressão corporal. "Foi com Angel Vianna que, pela primeira vez, eu tive a noção clara de corpo, e do encaixe dos quadris." Renata Sorrah atribui ao trabalho feito com Angel Vianna todo o sucesso do seu personagem.

Era a primeira vez que eu tinha aula de alongamento antes do ensaio propriamente dito e, a partir daí, vi a importância de se trabalhar sempre com uma preparadora corporal. Esse trabalho em conjunto, de diretor e preparador corporal, é de grande proveito para o ator.

Quando questionada a respeito da possibilidade de transferir essa aprendizagem para outras peças em que Angel Vianna não esteja presente, Renata Sorrah afirma categoricamente que tais ensinamentos são essenciais para sua vida. Renata diz já ter encontrado, ao longo de sua carreira, várias alunas de Angel Vianna trabalhando como preparadoras corporais em montagens das quais participou e afirma serem todas maravilhosas, porque "todo mundo que passou pelas mãos dela se tornou uma pessoa maravilhosa, porque ela é generosa, ela faz a coisa continuar"[53].

Sobre as mudanças que aconteceram em seu modo de atuar depois desse trabalho corporal com Angel Vianna, Renata aponta uma consciência clara da importância do trabalho de corpo na criação do personagem. Segundo ela, isso pode ser feito também "na intuição que mais ou menos você sabe", mas o resultado, nesse caso, nem sempre é satisfatório. "Essa consciência corporal te faz chegar mais bonita na personagem, você descobre mais coisas, você fica mais confortável na personagem."[54]

Ari Coslov, parceiro de Renata Sorrah em *Tango*, ao comentar sobre o trabalho de Angel Vianna, diz ter sido uma descoberta "ver que se podia usar o gestual, a expressão corporal para uma série de coisas"[55]. Apesar de já atuar em teatro há bastante tempo, nunca tinha feito um trabalho tão especializado. "Angel", diz Coslov, "além de muito útil para a criação do meu personagem na montagem, foi mais além, me abriu a cabeça para uma coisa que eu não tinha muita consciência: de como é importante usar o corpo a seu favor."[56]

Marco Nanini, que trabalhou com Klauss Vianna em *Mão na luva*, de Vianninha, em 1985, aponta como a grande mudança provocada pelo trabalho corporal, realizado durante a montagem, uma percepção interna, saber como os músculos poderiam despertar sentimentos, como agiam para que isso acontecesse. Conheceu todo um trabalho de elasticidade, de um movimento em espiral ao qual Klauss sempre se referia, e que proporcionava um maior conhecimento do corpo. Segundo Nanini, foi uma convivência muito intensa entre atores, diretor e preparador corporal. "O Aderbal fazia as aulas do Klauss e o Klauss assistia aos ensaios."[57] A peça, dividida em passado e presente, tinha um tônus para cada etapa. Para completar esse trabalho, aprenderam maneiras de se aquecer antes de entrar em cena e, de acordo com o tempo que tinham, exercitavam um aquecimento mais rápido, um mais demorado e um de emergência. Esse trabalho corporal oferece um mapeamento do corpo e uma elasticidade que resultam num domínio maior, e é responsável pela liberação da expressividade do ator em cena[58].

Juliana Carneiro da Cunha, parceira de Marco Nanini em *Mão na luva*, relata que, embora fosse experiente e tivesse sólida formação adquirida no exterior, o trabalho dos Vianna trouxe novas aprendizagens em termos de corpo. Bailarina com passagem pelas escolas de Maria Duchenes (São Paulo), Kurt Joss (Alemanha) e pelo Centro de Aperfeiçoamento do Intérprete Total, dirigido por Maurice Bejart (Bruxelas), Juliana já havia iniciado sua carreira de atriz há muito tempo. No Brasil, sua estréia foi em *Lágrimas amargas*, de Petra von Kant, sob a direção de Celso Nunes. O prêmio de revelação ganho por sua personagem, que não tinha texto nenhum, já nos leva a crer que Juliana tinha um trabalho de corpo muito bom. Apesar disso, considera que aprendeu muito com Klauss. Para ela, o trabalho "dava essa delicadeza, essa noção de que nós podemos ultrapassar nossos próprios limites"[59]. Além disso, passou a ter consciência dos músculos adutores e de como usá-los. O trabalho requer muita calma, diz Juliana, é um "se revelar, se rasgar, se desnudar" que aparece sempre no momento em que não existe o texto[60].

Nelson Xavier, que dirigiu *Verbenas de seda* e *Papa Highirte* com a parte corporal a cargo de Angel Vianna, focaliza a importância do aprendizado realizado nas duas montagens. Para Nelson, Angel e Klauss trouxeram algo de novo, de revolucionário, de modificador no trato do espaço cênico pelo ator. Atualmente, isso está incorporado a todas as montagens. A grande contribuição dos Vianna foi ter ensinado os atores a ver o corpo não como um simples emissor de voz, mas como possuidor de uma expressão autônoma, e, por conseguinte, com a mesma importância que a voz. A revolução ocorrida no mundo em 1968, "uma espécie de revolução do corpo, invadiu também o teatro"[61], diz Nelson Xavier.

Eduardo Tolentino, diretor do Grupo Tapa, procurou Angel Vianna com o intuito de aprender. Via sempre os nomes de Angel e Klauss Vianna ligados aos espetáculos importantes de teatro no Rio de Janeiro. Quando decidiu fazer teatro profissional, procurou Angel em busca de um desenvolvimento técnico para os atores. Desejava ser diretor. Seu grupo, até então, tinha um trabalho autodidata. Tolentino, como várias outras pessoas que trabalharam com Angel Vianna, considera-a parte de um grupo de pessoas a quem ele chama de "bruxas". São pessoas que, de repente, dizem coisas que contrariam qualquer lógica, mas é exatamente aquilo que vai servir para a pessoa naquele momento. Possuidora de grande conhecimento técnico e primeira aluna de Klauss nesse método, Angel "achou as coisas dela no meio disso, independente do Klauss"[62]. Tolentino, como Ivan de Albuquerque, vê a maneira diferente como os dois abordam as questões, apesar de terem partido dos mesmos princípios. Klauss, para ele, tinha uma abordagem mais intelectual ao dar explicações, enquanto Angel era mais intuitiva no andamento: "Um dia você entende", dizia ela. Dotada de uma extraordinária percepção humana, segundo Tolentino, Angel Vianna sabe como ninguém dirigir uma aula, sem nunca deixá-la se perder em excessos indesejáveis, mesmo conduzindo o participante a uma liberação corporal. Desde o início sentiu em seu corpo resultados em termos de alongamento. Tolentino, aos poucos, foi introduzindo todos os atores de seu grupo na Escola Angel Vianna, onde permaneceram aproximadamente por oito anos. Quando o grupo foi para São Paulo, passaram a fazer aula com Neide Neves, nora de Angel Vianna, com quem já haviam trabalhado no Rio de Janeiro. Entretanto, Tolentino diz que Angel Vianna "é única".

Ao comentar sobre as aulas, Tolentino relata que a primeira sensação é de uma aparente "ausência de método", o que ele estranhou. Passados um ou dois meses, as ligações iam surgindo, a coerência revelava-se, e Tolentino recorda que, raramente, havia duas aulas iguais – o que era fascinante. Para ele, as melhores aulas eram as de chão. Nessas aulas, o uso que Angel Vianna fazia do apoio propiciava um grande aprofundamento do trabalho corporal. O contato com o chão tornava mais claro o trabalho que acontecia no corpo. É um trabalho a longo prazo, comenta Tolentino, pois muitas coisas só são realmente assimiladas muitos anos mais tarde. As percepções, na maioria das vezes, são muito pequenas, mas fundamentais e, quando somadas, aparece o trabalho corporal do ator e os princípios são entendidos. O primeiro trabalho com Angel, diz Tolentino, foi para desbloquear a percepção do corpo, que geralmente está muito obstruída devido às repressões sociais. Hoje, Tolentino trabalha como diretor do Grupo Tapa e o trabalho com Angel Vianna deu a ele condições de ser observador e descobrir como ajudar os atores a chegar aonde ele deseja. Angel Vianna tem a capacidade de tornar o corpo mais inteligente. Tolentino afirma ter levado essa aprendizagem até para os atos cotidianos, por exemplo, à cadeira do dentista. Afirma ter aprendido a "relaxar a dor fazendo o movimento inverso; não lutar contra, mas se abandonar ao chão, distensionar"[63]. Seu trabalho como diretor é impregnado das coisas que aprendeu com Angel. Os princípios são muito enraizados, como o de não deixar o movimento esclerosar em um hábito e a percepção da dinâmica espacial, que foram e são até hoje fundamentais para Tolentino. A conjugação do binômio espaço-tempo, o tempo do diretor, o tempo do ator e do autor e a idéia de que o tempo real não existe, assim como o tempo cronológico, porque um minuto pode passar rápido ou durar uma eternidade, foram percepções que começaram a surgir na época em que o Grupo Tapa fazia aulas com Angel. Antes de esse trabalho mudar, o diretor Tolentino mudou o espectador Tolentino. O olhar, o ouvir e o ver ficaram muito mais aguçados. "O tempo do teatro é o tempo da vida passada a limpo."[64] "Eu mudei o meu olhar, a minha observação, graças ao trabalho da Angel."[65] A prática realizada com Angel Vianna fez que Tolentino exercitasse outras. Uma delas é vocal, realizada com os atores do Grupo Tapa, e busca o ponto do corpo onde nasce a intenção da palavra.

Nildo Parente, que já havia trabalhado com Angel Vianna em *Papa Highirte*, nos conta como foi o trabalho em *Sábado, domingo e segunda*. O personagem dele representava, metaforicamente, o teatro dentro da peça. No meio do almoço do segundo ato, ele aparecia todo paramentado e fazia um número para a família dos amigos que estavam na grande mesa no centro da sala. Wilker chamou Angel para assistir ao ensaio e ver quais as necessidades do personagem. Nildo, que diz ter grande facilidade para a dança, teve ensaios individuais, em que Angel passava toda a movimentação. Segundo ele, a ajuda dela foi muito importante. A preparação consistia em um aquecimento "que era um pouco de aula de dança e movimento"[66], seguido do trabalho específico para o personagem.

> Com o Klauss, com quem nós fizemos *Hoje é dia de rock*, em 1971, foi a descoberta do toque e dos planos. Quando eu fui fazer *Papa Highirte* foi diferente, já era a Angel e eu senti nesses sete anos uma certa diferença. Quando ela falava, nós já sabíamos o que era. *Papa Highirte* teve mais trabalho de corpo.[67]

Nildo Parente considera o trabalho com Angel Vianna vital para a construção de todos os seus personagens, mesmo naqueles espetáculos em que ele não dançava, como em *Papa Highirte*. Em *Sábado, domingo e segunda*, Angel Vianna ajudou a construir todo o personagem, inclusive nas partes que antecediam a sua grande cena no segundo ato. A ajuda dela foi muito importante em toda a movimentação, desde como pegar a máscara, como apresentá-la e em cena propriamente dita, diz ele. Sobre a transferência dessa aprendizagem, Nildo Parente diz que isso realmente aconteceu. Depois de *Papa Highirte*, ele participou de uma montagem dirigida por Luiz de Lima, em que fazia uma das quatro tias. Baseou seu personagem em artistas de cinema e nos movimentos que Angel mostrava nas outras montagens nas quais haviam trabalhado juntos. Como isso tinha acontecido há bem pouco tempo, aproveitou os ensinamentos na nova montagem. A frase "O corpo tem que acompanhar a fala, seu movimento não pode ser uma coisa dissociada da fala"[68], que Angel sempre repetia, foi o que direcionou Nildo na composição desse personagem. Nildo Parente diz ter usado esse aprendizado em outras montagens, em que havia outra coreógrafa, pois "essas coisas ficam na gente"[69]. Nildo diz que não era uma coisa consciente, "mas dentro de mim essas coisas me apareciam, eu lembrava das descobertas. É uma figura (referindo-se a Angel Vianna) muito importante nesse uso do corpo dentro do teatro"[70].

Joana Ribeiro, bailarina e atriz, formada pela Escola de Teatro da Unirio, trabalhou com Angel Vianna na montagem de *A obscena senhora D*. Segundo ela, o trabalho consistia em uma preparação corporal para desenvolver a percepção dos atores em dinâmicas de grupo, além de exercícios para postura. Joana considera Angel Vianna uma profissional sintonizada com o tempo, dona de uma impressionante capacidade de "se conectar com as novas gerações e, conseqüentemente, com as novas corporeidades"[71]. Joana acredita que o trabalho dos Vianna se aplica a várias áreas, visto o número de profissionais que freqüentaram e ainda freqüentam sua escola, o que denota a sua importância e permanência.

Em face do exposto, podemos concluir que, pelo menos na visão das pessoas que trabalharam com Angel Vianna em montagens, existiu sempre uma aprendizagem tanto por parte dos diretores quanto dos atores. Há uma unanimidade quanto ao caráter de novidade apresentado no trabalho de Angel Vianna. Foi o que aconteceu na década de 1970, quando revelou o corpo como mais uma fonte expressiva na interpretação, e continua acontecendo hoje, pela extrema capacidade de atualização da profissional que é Angel Vianna. Sua estreita ligação com a pesquisa corporal a deixa sempre em contato com todas as novas tendências que surgem e, conseqüentemente, mantendo a contemporaneidade de seu trabalho. O corpo é um organismo complexo, influenciado a cada momento por tudo aquilo com o que entramos em contato direta ou indiretamente. Sendo assim, não importa o número de vezes que as pessoas participem do trabalho de Conscientização do Movimento de Angel Vianna, sempre surgirão novas descobertas em termos de possibilidades corporais. A procura por um corpo mais harmônico e mais consciente, em termos de apoios, agilidade e flexibilidade, passa a fazer parte do dia-a-dia dessas pessoas. A procura por maior eficiência com menor esforço se torna o objetivo. Tudo isso nos leva a confirmar a hipótese de que o trabalho de Conscientização do Movimento de Angel Vianna é um complemento de excelência na formação corporal do ator.

‖ ANEXO ‖

Atuação pedagógica de Angel Vianna

Curso II Tempo de Teatro – Vivência Corporal. Patrocínio da Secretaria de Educação e Cultura de Mato Grosso, em Cuiabá, 1970.

Curso de Preparação Corporal de Atores – Comunidade. Direção de Amir Haddad, Museu de Arte Moderna/RJ, 1971.

Curso de Expressão Corporal, Senac/RJ, direção de Sérgio Britto, Colégio Resende/RJ, 1972.

Curso de Conscientização do Movimento. Núcleo de Atividades Criativas/RJ (NAC), aulas em conjunto com Paulo Afonso Grisolli e Amir Haddad, direção de Cecília Conde, 1972.

Curso Especializado em Expressão Corporal para Profissionais de Educação, Arte e Psicologia. Academia Tatiana Leskova/RJ, 1972, 1973 e 1974.

Curso de Expressão Corporal com o Grupo de Pesquisa do Teatro Ipanema, direção de Ivan de Albuquerque, Clube Campestre, 1972.

Curso Vivências, Percepção e Consciência Corporal. Pedagogia da Percepção Musical, Escola de Música da Universidade Federal de Minas Gerais/BH, 1973.

Cursos de Expressão Corporal para Atores Profissionais. Serviço Nacional de Teatro, 1974, 1975, 1976 e 1983.

Conferencista no *I Encontro Brasileiro de Musicoterapia*. Conservatório Brasileiro de Música e Associação Brasileira de Musicoterapia, RJ, 1974.

Curso para Atores. Secretaria de Educação e Cultura de Salvador, Teatro Santo Antônio/BA, 1975.

Curso Intensivo de Arte-Educação. Escolinha de Arte do Brasil/RJ, responsável pelo programa de Expressão Corporal, 1976, 1977 e 1978.

Curso A Linguagem do Corpo. Centro de Recuperação do Recife, 1981.

Curso Conscientização do Movimento. Escolinha de Arte do Brasil/RJ, 1981.

Conferência *Linguagem Corporal, Ser-no-mundo-sua Comunicação*. Escola Nacional de Música/RJ, 1983.

Conscientização do Movimento e Jogos Corporais. II Seminário de Educação Artística da Cidade do Rio de Janeiro. Secretaria Municipal de Educação e Cultura, Prefeitura da Cidade do Rio de Janeiro, 1986.

Curso Mergulho Teatral. Casa de Arte Laranjeiras (CAL)/RJ, 1984 e 1985.

Curso de Expressão Corporal. Casa de Arte Laranjeiras (CAL)/RJ, Oficina de Formação Teatral, 1984 e 1985.

Curso de Expressão Corporal para Atores e Bailarinos. Oficina de Reciclagem e Aprimoramento Técnico na Área de Dança, Associação dos Profissionais de Dança do Estado de Santa Catarina, Florianópolis, 1987.

Palestra *O Corpo na Dança, no Teatro e no Cotidiano*. UniverCidade/RJ, 1987.

Curso de Especialização Lato Sensu em Teoria Literária e Teoria e Prática do Teatro. Faculdade de Letras, Universidade Federal do Rio de Janeiro, 1988 e 1989. Ministrou aulas de Conscientização do Movimento.

Preparação corporal dos atores Leandra Leal e Floriano Peixoto para o filme *A ostra e o vento*, direção de Walter Lima Junior, 1996.

Direção corporal do filme *Um copo de cólera*, com direção de Aluízio Abranches, com Júlia Lemmertz e Alexandre Borges.

Direção corporal dos atores da novela *Brida*, de Paulo Coelho, direção de Walter Avancini. TV Manchete/RJ, 1998.

Vivência corporal para a Companhia de Ópera da Cidade do Rio de Janeiro, direção de André Heller, 1998.

Conferência *Trajetória-Formação em Movimento*. Encontro Mundial das Artes Cênicas (Ecum)/BH, 2002.

NOTAS E REFERÊNCIAS BIBLIOGRÁFICAS

1 MACIEL, Luiz Carlos. Entrevista à autora em 25 de janeiro de 2002. Rio de Janeiro.
2 *Ibidem.*
3 HADDAD, Amir. Entrevista à autora em 15 de janeiro de 2002. Rio de Janeiro.
4 *Ibidem.*
5 *Ibidem.*
6 SORRAH, Renata. Entrevista concedida à autora em 22 de setembro de 2003. Rio de Janeiro.
7 XAVIER, Nelson. Entrevista à autora em 8 de janeiro de 2002. Rio de Janeiro.
8 BRITTO, Sérgio. Entrevista à autora em 28 agosto 2001. TVE, Rio de Janeiro.
9 *Ibidem.*
10 *Ibidem.*
11 *Ibidem.*
12 Grupo Tapa. Grupo de teatro dirigido por Eduardo Tolentino.
13 TOLENTINO, Eduardo. Entrevista à autora em 16 de abril de 2002. São Paulo.
14 PARENTE, Nildo. Entrevista à autora em 23 de março de 2002. Rio de Janeiro.
15 BRITTO, Sérgio. Ver nota 8.
16 Ana Paula Arósio, Louise Cardoso e vários outros.
17 *O clone.* Novela de autoria de Glória Perez, dirigida por Jayme Monjardim. Rede Globo de Televisão.
18 TERRANOVA, Rossella. Entrevista concedida à autora em 12 de fevereiro de 2002. Rio de Janeiro.
19 *Ibidem.*
20 *Ibidem.*

21 *Ibidem.*
22 VIANNA, Guida. Entrevista concedida à autora em 11 de maio de 2001. Rio de Janeiro.
23 ALBUQUERQUE, Ivan. Entrevista à autora em 8 de junho de 2001. Rio de Janeiro.
24 *Ibidem.*
25 BRITTO, Sérgio. Ver nota 8.
26 *Ibidem.*
27 *Ibidem.*
28 MACIEL, Luiz Carlos. Ver nota 1.
29 XAVIER, Nelson. Ver nota 7.
30 *Ibidem.*
31 *Ibidem.*
32 *Ibidem.*
33 HELLER, André. Entrevista concedida à autora em 31 de janeiro de 2002. Escola Nacional de Música/UFRJ, Rio de Janeiro.
34 *Ibidem.*
35 *Ibidem.*
36 BRITTO, Sérgio. Ver nota 8.
37 *Ibidem.*
38 *Ibidem.*
39 MÜLLER, Otávio. Entrevista concedida à autora em 4 de setembro de 2003. Rio de Janeiro.
40 *Ibidem.*
41 *Ibidem.*
42 *Ibidem.*
43 ALBUQUERQUE, Ivan. Ver nota 23.
44 *Ibidem.*
45 *Ibidem.*
46 *Ibidem.*
47 *Ibidem.*

48 *Ibidem.*
49 MACIEL, Luiz Carlos. Ver nota 1.
50 *Ibidem.*
51 HADDAD, Amir. Entrevista à autora em 15 de janeiro de 2002. Rio de Janeiro.
52 *Ibidem.*
53 SORRAH, Renata. Entrevista concedida à autora por telefone em 15 de maio de 2001.
54 *Ibidem.*
55 COSLOV, Ari. Entrevista concedida à autora por telefone em 24 de setembro de 2003.
56 *Ibidem.*
57 NANINI, Marco. Entrevista concedida à autora por telefone em 29 de agosto de 2003.
58 *Ibidem.*
59 CUNHA, Juliana Carneiro da. Entrevista concedida à autora por telefone em agosto de 2003.
60 *Ibidem.*
61 XAVIER, Nelson. Ver nota 7.
62 TOLENTINO, Eduardo. Ver nota 13.
63 *Ibidem.*
64 *Ibidem.*
65 *Ibidem*
66 PARENTE, Nildo. Ver nota 14.
67 *Ibidem.*
68 *Ibidem.*
69 *Ibidem.*
70 *Ibidem.*
71 RIBEIRO, Joana. Depoimento por e-mail em 29 de agosto de 2003.

CONCLUSÃO

Angel Vianna, ao criar sua Conscientização do Movimento, baseou-se nas necessidades apresentadas no trabalho com atores e no princípio de que o ator se movimenta em cena. Assim, ela procurou construir o conhecimento do corpo por meio dos movimentos. Recorrendo à ajuda da anatomia, cinesiologia e fisiologia, fez da Conscientização do Movimento um meio eficaz de conhecimento corporal. Diferentemente da maioria de seus antecessores, que desenvolviam tal conhecimento para satisfazer as necessidades de suas montagens, Angel Vianna mostrou a possibilidade de desenvolver a consciência que se adapta a qualquer corrente estética ou linha de trabalho. O conhecimento pelo movimento leva os atores a descobrir novas possibilidades de movimentação e a realizá-la da maneira mais fácil e, conseqüentemente, com menos esforço e desgaste físico. O ator descobre o caminho que seu corpo deve percorrer para realizar determinado movimento, sem pensar na facilidade ou dificuldade encontrada. A metodologia usada por Angel Vianna durante a preparação corporal dos atores contribui para que isso aconteça. A preocupação com o ser humano-ator, que precisa conhecer seu corpo para atuar melhor, faz que Angel trabalhe esse corpo independentemente do personagem que ele vai incorporar. A quebra dos bloqueios musculares necessária para a movimentação corporal deixa o corpo do ator mais apto para qualquer movimentação que o diretor exigir. É como a prontidão de um bebê para engatinhar, andar ou falar. Se o corpo não estiver com o desenvolvimento muscular necessário, os atos não são realizados. Assim também acontece com o ator: se ele não tiver o corpo pronto, isto é, livre das tensões que impedem a movimentação e mascaram os gestos, e com pleno domínio do corpo para fazer o que lhe é pedido, o trabalho será prejudicado. É relativamente fácil para um ator transmitir sua mensagem por meio da fala, do rosto e até das mãos. Entretanto, mostrar essa capacidade nas pernas, nas costas, nas nádegas, ser sensível e se fazer entender por todas as partes do corpo, de frente, de lado ou de costas, requer um desenvolvimento com base em um treinamento específico.

Angel Vianna, por meio da Conscientização do Movimento e dos Jogos Corporais, proporciona um conhecimento e uma sensibilidade corporais que levam seus praticantes a atingir esse grau de comunicação com o público. Desenvolve, assim, outra qualidade considerada necessária pela maioria dos diretores citados: a percepção, que leva o ator à descoberta da sua tridimensionalidade, refletida em maior reconhecimento do espaço e dos outros atores, tornando a comunicação mais expressiva e verdadeira.

Angel Vianna, ao enxergar o teatro com base na espacialidade, na ação e no movimento dramático, chegou a uma verdadeira leitura do movimento corporal. Ela é capaz de levar os alunos a desenvolver qualidades que, para ela, são essenciais à formação não só do ator, mas do ser humano.

As escolas de formação de atores tanto em nível de 2º como de 3º grau introduziram, formal ou informalmente, a Conscientização do Movimento em seus currículos ou em suas aulas de corpo. Está presente também, na formação de bailarinos, musicoterapeutas e técnicos em recuperação motora.

Nas fichas técnicas dos espetáculos realizados no Rio de Janeiro, sempre aparecem nomes de preparadores corporais oriundos da Escola Angel Vianna. A maioria dos atuais atores brasileiros de teatro, TV e cinema considera Angel Vianna uma referência sempre que se fala de formação corporal de ator.

A preocupação com o corpo aparece em decorrência de problemas que afloram no momento de uma montagem. A sociedade muda e, conseqüentemente, muda também o ator que essa sociedade quer assistir. Toda cena passa a ser, de alguma maneira, revelada pelo corpo do ator assim que ele projeta a imagem de seu personagem. As imagens visuais se tornaram importantes no espetáculo e a improvisação, valorizada em todas as escolas de arte dramática. O corpo passou a ser trabalhado de forma específica, pelos diversos encenadores, para que fosse um real aliado no trabalho de montagem de uma peça.

Angel Vianna, ao trabalhar o conhecimento corporal a fim de aumentar a capacidade do ser humano de perceber a si e ao mundo que o cerca, dá ao ator condições de detectar não só limitações, mas indicações de como superá-las. Ao conhecer a mecânica do movimento, o ator, por meio do trabalho de Conscientização do Movimento, pode saber não só como o movimento se processa, mas também como superar as eventuais dificuldades no momento de sua execução. O ator conhece o caminho que seu corpo deve percorrer para chegar àquela movimentação e, com isso, amplia a fronteira do possível, buscando uma plenitude de significação.

Angel Vianna não visa a uma padronização na formação do ator. O trabalho corporal por ela proposto, ao respeitar a individualidade e fazer que a descoberta seja específica, torna cada pessoa o próprio mestre de seu corpo, atingindo os objetivos por um caminho pessoal. A negação de uma codificação em seu trabalho – não existem exercícios específicos que devam ser feitos nem caminhos previamente escolhidos a serem percorridos – também faz que essa busca do *por onde ir* seja constante, resultando sempre em uma nova resposta, mesmo a estímulos conhecidos.

Na verdade, podemo-nos arriscar a dizer que Angel Vianna não transmite determinado conhecimento, mas sugere caminhos para que este surja em cada um. Isso contribui para dar segurança ao ator durante a realização de seu trabalho. A mestra tem o mesmo ponto de partida para todos. Os estímulos dados por Angel são únicos, mas cada um vai processá-los de acordo com suas possibilidades. Essas possibilidades são fruto do corpo de cada um, de como esse corpo reagiu à própria história, como os acontecimentos pelos quais passou ficaram marcados em seu corpo. Todas essas variantes fazem que, apesar de o estímulo ser o mesmo, os caminhos encontrados sejam diferentes, pois cada ator encontra um caminho adequado ao corpo.

Nos Jogos Corporais, em que a improvisação é parte essencial, o ator aumenta o seu conhecimento corporal pela solicitação do outro, seja ele objeto ou pessoa. Além disso, o ator consegue relacionar as descobertas feitas isoladamente com a necessidade de movimentação que se apresenta. A improvisação, prática considerada desejável para atores, é base dos Jogos Corporais. Além disso, estes dão lugar à experimentação e fazem aflorar as atividades espontâneas, o que, conseqüentemente, favorece um pensar criativo e independente. O desenvolvimento da imaginação e da iniciativa e o aumento da sensibilidade para o relacionamento pessoal também são trabalhados nos Jogos Corporais. Com foco no conhecimento corporal, procurando solucionar problemas de mobilidade, apoio e relacionamento, os Jogos Corporais possibilitam maior comunicação não-verbal e proporcionam aos profissionais condições de observar o outro. Por meio do trabalho de Angel Vianna, o aluno desenvolve atuação ao mesmo tempo precisa e espontânea. Precisa, porque sabe exatamente como atender à solicitação, e espontânea, porque não traz reações preconcebidas aos estímulos que aparecem; seu corpo está livre para agir e reagir.

Na Conscientização do Movimento de Angel Vianna, a execução dos movimentos nunca é mecânica e nada é feito por acaso. É muito importante que o ator seja fisicamente marcante para transmitir tanto o seu interior como o seu exterior. O trabalho descrito nesta obra, ao desenvolver a percepção em todos os níveis, contribui para desenvolver também as potencialidades do ator.

O respeito ao tempo de cada um faz que descubram o fazer com sua pulsação, seu alongamento, sua tensão e seu relaxamento. O movimento é percebido física e mentalmente pelo próprio corpo. O ator toma consciência das sensações provocadas pelo movimento no corpo e, assim, aprende a conhecer seu repertório de movimento e a reproduzi-lo. Com isso, o artista é levado a encontrar uma partitura física que corresponde às necessidades de seu personagem.

O trabalho corporal preconizado por Angel Vianna, à medida que dá um conhecimento mais profundo do corpo e deixa claro que esse conhecimento não é imutável, imprime em cada praticante a necessidade da pesquisa corporal, do procurar descobrir sempre algo novo, de uma nova expressão para estímulos antigos. Isso faz desse ator um eterno descobridor, um ator que se renova corporalmente a cada dia. Essa renovação faz esse profissional se adaptar não só às diferentes montagens, como também às mudanças na sociedade.

As exigências com relação ao desempenho corporal dos atores aumentaram bastante nos últimos anos, sendo necessário um maior controle e manejo do corpo. O domínio corporal adquirido com a Conscientização do Movimento, ao lado da liberação das tensões que impedem o ator de transmitir mensagens adequadas, dá a ele um poder muito mais intenso de comunicação com a platéia. Sua criatividade terá um terreno fértil e sua expressividade poderá aflorar. O desenvolvimento da criatividade, desejado por todos os diretores e encenadores desde Stanislavski, tem nesse tipo de trabalho seu grande aliado. Com base na idéia de que sempre há mais a descobrir quando se trata de corpo, Angel Vianna leva todos os que trabalham com a sua Conscientização do Movimento a não se satisfazerem com as descobertas, devido à certeza de que isso é só uma etapa no caminho possibilidades de mobilidade, de apoios e de flexibilidade. Isso se torna mais real porque Angel Vianna utiliza-se de estímulos concretos. Quando ela pede para movimentar a perna e tocá-la para sentir o que está acontecendo a fim de buscar o melhor caminho para que o movimento seja feito, trabalha com fatos concretos, mas também proporciona um conhecimento referente à leveza do movimento, uma vez que, se este for feito da maneira mais adequada, será mais leve e fluido e necessitará de menos esforço para ser realizado. Angel faz isso por meio de uma comunicação que reflete credibilidade.

Ela fala de algo que conhece intelectualmente e vivenciou por muito tempo, algo com o que tem interação autêntica. Isso permite aos atores atingir as metas propostas. Essa disposição para estar sempre atento às novas descobertas desenvolve no ator um alto nível de capacidade de percepção e o torna uma pessoa sensível. Ser sensível significa estar em contato permanente com a totalidade do corpo, fazendo que saiba exatamente como e onde estão todas as partes a cada momento. O importante é sempre descobrir o que não se conhece; aí está a chave da criação.

Essa criação implica conhecer e, como afirma Fayga Ostrower, "abrange a capacidade de compreender, relacionar, ordenar, configurar e significar"[1]. Toda a criatividade do ator aparece no desenvolvimento do personagem, e o domínio completo dos movimentos, sejam eles reflexos ou pensados, é o responsável pela expressividade.

O tipo de trabalho realizado por Angel Vianna com os atores permite que eles estejam em cena com os canais abertos, disponíveis, sempre em estado de alerta para captar, receber e fazer fruir todos os estímulos e sinais que aparecem. Para isso, descobrem coisas que possuem e não conhecem, aprendem a querer correr riscos para atingir seus objetivos. Pois, como foi lembrado por Sérgio Britto, os atores que preferem "ficar na acomodação do fichário de efeitos"[2] não se identificam com o trabalho de Angel Vianna.

Podemos concluir que o trabalho de Conscientização do Movimento e Jogos Corporais criado por Angel Vianna, ao destruir barreiras corporais, abre espaço para que a imaginação preencha os vazios que aparecem no processo de criação do personagem, sendo, assim, uma contribuição significativa, um trabalho de excelência na formação do ator.

NOTAS E REFERÊNCIAS BIBLIOGRÁFICAS

1 OSTROWER, Fayga. *Criatividade e processos de criação*. 13. ed. Petrópolis: Vozes, 1987, p. 9.
2 BRITTO, Sérgio. Entrevista concedida à autora em 28 de agosto de 2001. TVE. Rio de Janeiro.

IMPRESSO NA
sumago gráfica editorial ltda
rua itauna, 789   vila maria
02111-031   são paulo   sp
telefax 11 **6955 5636**
sumago@terra.com.br

------------------------------ dobre aqui ------------------------------

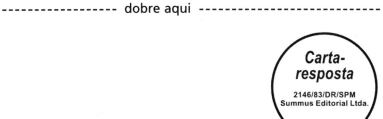

CARTA RESPOSTA
NÃO É NECESSÁRIO SELAR

O SELO SERÁ PAGO POR

C AVENIDA DUQUE DE CAXIAS
1214-999 São Paulo/SP

------------------------------ dobre aqui ------------------------------

CADASTRO PARA MALA-DIRETA

Recorte ou reproduza esta ficha de cadastro, envie completamente preenchida por correio ou fax, e receba informações atualizadas sobre nossos livros.

Nome: _____ Empresa: _____

Endereço: ☐ Res. ☐ Coml. _____ Bairro: _____

CEP: _____ - _____ Cidade: _____ Estado: _____ Tel.: ( ) _____

Fax: ( ) _____ E-mail: _____

Profissão: _____ Professor? ☐ Sim ☐ Não Disciplina: _____ Data de nascimento: _____

1. Você compra livros:
☐ Livrarias ☐ Feiras
☐ Telefone ☐ Correios
☐ Internet ☐ Outros. Especificar: _____

2. Onde você comprou este livro?
_____

3. Você busca informações para adquirir livros:
☐ Jornais ☐ Amigos
☐ Revistas ☐ Internet
☐ Professores ☐ Outros. Especificar: _____

4. Áreas de interesse:
☐ Educação ☐ Administração, RH
☐ Psicologia ☐ Comunicação
☐ Corpo, Movimento, Saúde ☐ Literatura, Poesia, Ensaios
☐ Comportamento ☐ Viagens, Hobby, Lazer
☐ PNL (Programação Neurolinguística)

5. Nestas áreas, alguma sugestão para novos títulos?
_____

6. Gostaria de receber o catálogo da editora? ☐ Sim ☐ Não

7. Gostaria de receber o Informativo Summus? ☐ Sim ☐ Não

Indique um amigo que gostaria de receber a nossa mala-direta

Nome: _____ Empresa: _____

Endereço: ☐ Res. ☐ Coml. _____ Bairro: _____

CEP: _____ - _____ Cidade: _____ Estado: _____ Tel.: ( ) _____

Fax: ( ) _____ E-mail: _____

Profissão: _____ Professor? ☐ Sim ☐ Não Disciplina: _____ Data de nascimento: _____

Summus Editorial
Rua Itapicuru, 613 7º andar 05006-000 São Paulo - SP Brasil Tel. (11) 3872-3322 Fax (11) 3872-7476

cole aqui